ÜBER

DIE LEXICALEN EXCERPTE

AUS DEN

INSTITUTIONEN DES GAIUS.

VON

ADOLF FRIEDRICH RUDORFF.

AUS DEN ABHANDLUNGEN DER KÖNIGL. AKADEMIE DER WISSENSCHAFTEN
ZU BERLIN 1865.

BERLIN.
GEDRUCKT IN DER DRUCKEREI DER KÖNIGL. AKADEMIE
DER WISSENSCHAFTEN.
1866.

IN COMMISSION BEI F. DÜMMLER'S VERLAGS-BUCHHANDLUNG
HARRWITZ UND GOSSMANN.

Gelesen in der Akademie der Wissenschaften am 4. Juli 1865. Die Seitenzahl bezeichnet die laufende Pagina des Jahrgangs 1865 in den Abhandlungen der philosophisch-historischen Klasse der Königl. Akademie der Wissenschaften.

Das Pariser lateinisch-griechische Glossar Nr. 7651 enthält unter dem Buchstaben *D,* bis zu welchem seine Quellenangaben hinabreichen, folgendes merkwürdige Citat:

Dicis gratia *νόμου χάριν ὡς παρὰ Γαΐῳ τῷ νομικῷ.*

Cujas, dem die ächten Institutionen des Gaius noch nicht zu Gebote standen, bezog diese Glosse auf ein Pandektenfragment aus einer verlorenen andern Schrift des Rechtslehrers (1). Dadurch ist es geschehen, daſs die Herausgeber des Gaius, während sie mit neidenswerther Genauigkeit die Bruchstücke in der Collatio (2), im Breviar, im Papian (3) und Teophilos,

---

(1) Cuiacii observationes X. 37. Interveniebat in mancipationibus sestertius unus dicis gratia L. 4 D. commod. *Saepe* (inquit) *pecuniae commodantur, ut dicis gratia numerationis loco intercedant.* Adde, velut in mancipationibus, atque ideo Glossae veteres sic in ea lege dicis gratia interpretantur *νόμου χάριν* id est ut satis fiat solemnitatibus iuris, aliter *λόγου χάριν* id est, Verbi gratia vel ut dicere possint se numerasse. M. Tullius: *ut dicere possint se emisse.*

(2) In der Collatio 16, 2 wird gesagt: Gaius institutionum libro III legitimas sic ordinat successiones. . . Dann folgt der Anfang des dritten Buchs bis §. 17 mit Titelüberschriften (de agnatis) und nicht unbedeutenden Abweichungen von der Veroneser Handschrift.

(3) Lex Rom. Burg. tit. 5 secundum regulam gaii sub titulo de iniuriarum actione (aus Gai. 3, 225); tit. 10 init. secundum gaii regulam patri matrive instestatis filii filieve . . succedunt (nach Gai. 3, 2, 7, 29, 33.); tit. 12 §. 2 secundum speciem gai, qui hoc de prohibitis statuit. (Gai. 3, 188, 192.); tit. 29. (Gai. 3, 202.) Diese drei Citate im Papian Tit. 5, 10 im Anfang, 12, §. 2 und 29 (= Gai. 3, 202) bezieht Bluhme (Zeitschrift für Rechtsgeschichte III (1864) S. 453, 454) auf den liber singularis oder die drei Bücher regularum des Gaius. Seine Gründe sind 1) weil die Citate zwei mal eine regula, einmal eine species

im Servius (¹), Diomedes (²), Pseudo-Asconius (³), Priscian (⁴), Boe-

Gaii nennen. Allein dies geschieht auch bei Paulus Sentenzen: Tit. 15, 20 secundum speciem (regulam) pauli sententiarum. 2) weil im Tit. V. ein Titel de iniuriarum actione citirt werde, der in den Institutionen fehle. Allein 3, 223—225 wird von der actio iniuriarum gehandelt und Rubriken späterer Hand kommen im ersten und dritten Buche mehrere vor (Note 2). Es wird also doch wohl bei der Beziehung auf die Institutionen bewenden müssen.

(¹) Servius Honoratus zu Vergil. Georg. 3, 306, MAGNO autem MVTENTVR, Ingenti pretio comparentur. nam apud maiores omne mercimonium in permutatione constabat, quod et Gaius Homerico confirmat exemplo. Gemeint ist Gai. 3, 141 und Homer Il. 7, 472—475. Zu Aen. 8, 205 heifst es vom Furtum: Capitale enim crimen apud maiores fuit ante poenam quadrupli nach Gai. 3, 189: Poena manifesti furti ex lege XII tabularum capitalis erat — postea — quadrupli actio praetoris edicto constituta est. Zweifelhafter ist die Benutzung von Gai. 1, 112. 3, 3. 83. 84 zu Georg. I, 31. Aen. 7, 424 wenigstens der falsche Satz per coemptionem facto matrimonio sibi invicem succedebant und si quis prior fuisset defunctus, locum hereditatis iustum alteri faceret stammt gewifs nicht aus Gaius. Dazu kommt etwa noch Aen. 7, 38 LATIO ANTIQVO. Quia duo sunt, vetus et novum; sicut et in iure lectum est, worin eine freilich mifsverstandene Beziehung auf das maius und minus Latium (Gai. 1, 95) enthalten sein könnte. Ferner 10, 72 in *fraudem* autem in periculum. ita enim in iure lectum est: *Fraudi erit illa res,* id est periculo Gai. I, 37. 46. 47. III, 215.

(²) Diomedes lib. I, p. 375 Putsch. pag. 379 v. 24 Keil: Verum in compositione, ut apud Cauium, reperimus ‚effor' dictum. Eine Beziehung auf die Legis Actio durch Sacramentum Gai. 4, 15 und eine Restitution versucht Huschke (Iurisprud. anteiust. p. 253, n. 14. p. 309 n. 2.) wie folgt: *Itaque actor si iniuste contendisset, adversarius, si iniuste negasset, iureiurando se sacrabant. Deinde litem contestabantur id est uterque alterum iniustum esse et iudicio se rem executuros esse testabantur, id est uterque dicebat STLITEM MIHI TECVM ESSE EFFOR. TESTES ESTOTE iudicemque poscebant et diem sibi denuntiabant, quo in ius* ad iudicem accipiundum venirent. Vorausgesetzt dafs Diomedes die Stelle wirklich in den Institutionen des Gaius las trifft dieser Restitutionsversuch allenfalls die relativ passendste Verbindung. Im übrigen aber unterliegt er allen Einwendungen, die sich gegen die Danzische sacrale Beziehung erheben lassen. Vgl. Bethmann-Hollweg, der Civilprozefs des gemeinen Rechts in geschichtlicher Entwicklung I, S. 121 Note 5.

(³) Pseudo-Asconius in Verr. II, 1. §. 26 (p. 164, 10 Orelli) entlehnt aus Gai. 4, 15 folgende Beschreibung der Comperendinatio: Namque cum in rem aliquam agerent litigatores et poena se sacramenti peterent, poscebant iudicem, qui *dabatur* post *trigesimum* diem. quo dato deinde inter se *comperendinum diem, ut ad iudicem venirent, denunciabant.* Quo cum esset ventum, *antequam* causa ageretur, *quasi per indicem rem* exponebant: quod ipsum *dicebatur* causae coniectio *quasi causae suae in breve coactio.* Das cursiv Gedruckte ist wörtlich aus Gaius abgeschrieben.

(⁴) Priscian. art. grammat. lib. VI. fin. p. 726 qui libram aëneam teneat. qui appellatur libripens ist = Gai. 1, 119.

thius ([1]), Isidor ([2]) verzeichnen, von den möglichen Institutionenauszügen

([1]) Aus Gai. 1, 3—6 schöpft er im Commentar zur Topik 3, p. 796 die Erläuterung: Lex igitur est quam populus centuriatis comitiis scierit. Senatus consulta sunt quae fuerint senatus auctoritate decreta. Iurisperitorum auctoritas est eorum, qui ex XII tabulis vel ex edictis magistratuum ius civile interpretati sunt, probatae civium iudiciis creditaeque sententiae. Edicta magistratuum sunt quae praetores urbani vel peregrini, vel aediles curules iura dixere und in der Schrift de definitione Lib. I, p. 654 sagt er: Cicero in topicis collocavit posse nos ius civile enumeratione definire. Non autem totum ius enumeratum est. Quippe cum sit et in senatus consultis et plebiscitis, sit in edictis et principum iussis, sit fortasse adhuc et in aliis. — Die Erörterungen des Gaius 1, 119 über die Mancipatio und 2, 24 über die In iure cessio werden zur Erläuterung der Bemerkung Ciceros (Top. c. 5) über die Abalienation einer res quae mancipi est im Liber III, p. 797 des Commentars wörtlich ausgeschrieben und mit den Worten commentirt: Nam iure civili fieri aliquid non inter alios nisi inter cives Romanos potest. quorum est etiam ius civile, quod XII tabulis continetur. Omnes vero res quae abalienari possunt, id est quae a nostro ad alterius transire dominium possunt, aut mancipi sunt aut non mancipi. Mancipi res veteres adpellabant, quae ita abalienabantur, ut ea abalienatio per quandam nexus fieret sollennitatem. Nexus vero est quaedam iuris sollennitas, quae fiebat eo modo, quo in Institutionibus Caius exponit. — Quaecunque igitur res lege XII tabularum aliter nisi per hanc sollennitatem abalienari non poterant, mancipi dictae sunt. Sui iuris autem ceterae res nec mancipi vocabantur. eaedem vero etiam in iure cedebantur. Cessio vero tali fiebat modo ut secundo commentario idem Caius exposuit. — Res igitur quae mancipi sunt, aut nexu — abalienabantur aut in iure cessione. Has autem sollennitates quasdam esse iuris ex superioribus Caii verbis ostenditur. At si res ea quae mancipi est, nulla sollennitate interposita tradatur, abalienari non poterit, nisi ab eo cui tradatur, usucapiatur. Der letzte Satz ist aus Gai. 2, 41 entnommen. — Aus Gai. 1, 144. 155. 165. 185 und 188 ist endlich die Erläuterung zu Cicero's Aeufserung über die Eintheilung der Tutelen (top. c. 8 partitione autem sic utendum est, nullam ut partem relinquas, ut si partiri velis tutelas, inscienter facias si ullam partem praetermittas) zusammen gestellt, welche lib. 4, p. 807 wörtlich also lautet: Tutela quippe quatuor fere modis est. aut enim per consanguinitatis gradum est, aut patronatus iure defertur, aut testamento patris tutor eligitur, aut urbani praetoris iurisdictione formatur. et sunt forsitan plures, sed nunc istae sufficiunt. — Sed ut conveniens videatur exemplum, requirendae sunt tales tutelarum partes quae iunctae tutelas efficere possint, non quae singulae tutelae nomine designentur. quod nescio an quisquam iurisperitiae professor tales tutelae partes ediderit. In der That verzeichnet nämlich Gai. 1, 188 keinen Rechtslehrer, der vier genera oder partes tutelarum aufgestellt hätte.

([2]) Dafs Isidor den Gaius benutzt hat, erhellt unter andern aus dem Recht der Latinischen und peregrienischen Freigelassenen IX, 4 §§. 51. 52, welches aus Gai. 1, 23, 24, 27 corrumpirt ist. Ferner aus der Beschreibung der Mancipation beweglicher Sachen V, 25. §. 31, welche wörtlich aus Gai. 1, 121 genommen ist. Drittens aus der Begründung der Geschlechtsstutel auf den weiblichen Leichtsinn IX, 7 §. 30, wörtlich aus Gai. 1, 144.

in den bilinguen Wörterbüchern fast gar nicht Kenntnifs nehmen ([1]). Derselben Autorität des Cujas wird es zuzuschreiben sein, dafs in der Geschichte des römischen Rechts im Mittelalter zwar die Excerpte des Boethius bis in die Wörterbücher des Papias und Albericus, bis in die Glossen des Jacobus de Ravanis, Cinus von Pistoja, Albericus Rosatus und Azo verfolgt werden ([2]), von den fränkischen Glossaren und ihren Gaiusexcerpten hingegen überall nicht die Rede ist.

Es würde sich daher der Mühe verlohnen, wenn erwiesen werden könnte, dafs die bilinguen Glossare in der That die Institutionen des Gaius und zwar in einer andern als der Veroneser Handschrift benutzt haben. Es ergäbe sich für eine nicht unbedeutende Zahl von Auszügen wenigstens eine doppelte Ueberlieferung, aus einigen derselben sogar eine Verbesserung

---

Aus dem zweiten Buch des Gaius (2, 15. 16) ist die Meinung der Sabinianer über die Jungen der Hausthiere zum Theil wörtlich ausgeschrieben (IX, 4. §. 45). Desgleichen die Beschreibung der Nuncupatio (IX, 24, §. 12.) aus Gai. 2, 104 und die Erklärung der cretio durch decernere vel constituere (V, 24, §. 15, 16) aus Gai. 2, 174. Aus dem dritten Buch und zwar 3, 124 pecuniam autem creditam dicimus non solum eam quam credendi causa damus, sed omnem quam tunc cum contrahitur obligatio certum est debitum iri stammt Isidor 5, 25 §. 14. Res credita est quae in obligatione(m) ita deducitur ut ex (eo) tempore quo res contrahebatur certum sit eas deferri (deberi oder debitum iri).

([1]) Huschke (Iurisprud. anteiust. (1861) pag. 254, not. zu Gai. 4, 16) citirt zu Gaius nur die einzige „Gloss. Philox. v. Vindiciae", also eine Glosse des Laudunensis v. *καρπιςίαι* vindiciae, die nur die Bemerkung enthält: singulare non habet und nur möglicher Weise aus Gaius stammt, wie schon Turnebus adv. XXVII, 15 (Charisius quoque lib. 1 Gram. vindicias *καρπιςίαν* exponit ab interiectione prehensioneque manus) richtig bemerkt hatte.

([2]) Cinus in Codicem, titulo de usucapione transformanda 7, 31 (Anfang des vierzehnten Jahrhunderts.) — Andreas Alciatus Praetermissorum Lib. I v. Nexus (Opp. 2, 150.) Quandoquidem hic locus etiam Cynum Albericumque Rosatum non praeteriit. — Glossa anonymi ad titulum Codicis de usucapione transformanda MS. Par. 4518. 4519: Mancipi res veteres appellant quae ita abalienabantur, ut sic (*ea*) alienatio per quandam nexus fieret sollennitatem. Nexus vero est quaedam iuris solennitas quae fiebat eo modo sicut I instit. legitur i. e. per imaginariam quandam venditionem quae fiebat per aes et libram. quae igitur res l. XII tabularum aliter nisi per hanc solennitatem alienari non poterant hae res mancipi vocabantur. Constitutum vero fuerat, ut si ea res quae est mancipi sine nexu i. e. sine praefata solennitate traderetur, alienari non possit nisi ab eo cui traditur usucapitur. Hodie vero nulla res est in cuius alienatione opus sit illa solennitate. Ceterae vero res, in quibus non desiderabatur praedicta sollennitas nec mancipi vocabantur. Vgl. Schulting Iurispr. ant. p. 54, Savigny Gesch. des röm. Rechts im Mittelalter 3, 506. 5, 610. 6.

oder Ergänzung des Veroneser Textes. Denn es handelt sich bei diesen Glossen nicht wie bei den meisten andern Excerpten um eine ungefähre Inhaltsangabe der Gaischen Rechtsregel — Gaii regula oder species nach dem Ausdruck des Burgundischen Papian ([1]) — sondern um eine kurze aber wörtliche Wiedergabe der Lesung in gleichem Genus, Numerus und Casus, also in der That um unmittelbare, wenn auch nicht umfangreiche Bruchstücke verlorener Handschriften.

Jener Nachweis soll daher im Folgenden angetreten werden.

Das Pandektenfragment, auf welches Cujas die Pariser Glosse Dicis gratia zurückzuführen versuchte, ist die L. 4 D. Commodati (13, 6). Sie ist aus dem ersten Buch der Schrift des Gaius de verborum obligationibus entlehnt und ihr ganzer Wortlaut folgender:

> Saepe etiam ad hoc commodantur pecuniae, ut d i c i s g r a t i a numerationis loco intercedant.

Cujas ([2]) erklärt diese Worte aus den Scheinpreisen, welche bei Mancipationen zum Zweck einer Landanweisung oder einer Schenkung vorkamen und folglich auch in den Mancipations- und Stipulationsinstrumenten über Schenkungen bis auf Justinian's Aufhebungsgesetz in L. 37 C. de donat. 8, 54 ([3]) nicht fehlen durften.

Allein aus drei Gründen ist diese Erklärung unmöglich.

Erstlich bestand jener Scheinpreis aus Einem Sesterz von vier Assen, Gaius aber redet von grofsen Geldsummen (pecuniae).

Zweitens wird jener Scheinpreis an den Schenkgeber oder Assignanten als einziges Aequivalent gezahlt, folglich dem Commodanten, von

---

([1]) Siehe S. 323 Note 3.

([2]) Cuiacius observationum lib. X. cap. 37. Quod est scriptum in *l. ult. C. de donat.* Sestertii nummi unius, assium quatuor, sic est emendandum: *Sestertio nummo uno, assium quatuor*, ut in Basilicis. Verba erant solemnia donationis quae fiebat per mancipationem. Vt in veteri inscriptione urbis Romae: *Hoc monumentum L. Titurius Sabinus se vivo donavit L. Sanio Symphoro, mancupavitque sestertio nummo uno. Et Vitruvii* 1. c. 4. *Nummo sestertio mancipio dedit.* Folgen die Worte in Note 1.

([3]) Verba superflua quae in donationibus poni solebant scilicet *sestertii nummi unius assium quatuor* penitus esse reiicienda censemus. Quid enim verbis opus est quae rerum effectus nullus sequitur? Sancimus itaque nullo modo eorum verborum mentionem vel in imperialibus donationibus vel in omnibus aliis de cetero fieri, sed et si quis per verbositatem aliquid tale incripserit sive remiserit, nulla differentia sit.

welchem er etwa entliehen sein könnte, niemals zurück gegeben, während Gaius in jenem Pandektenfragment und unmittelbar vorher ein anderer Jurist[1] gerade umgekehrt behaupten wollen, dafs auch an Geldsummen ausnahmsweise ein rechtsgültiges Commodatum vorkommen könne, dann nämlich, wenn es darauf ankomme, nachzuweisen, dafs man das zur Aufnahme in das Bürgerrecht eines Gemeinwesens erforderliche Baarvermögen besitze, in welchem Fall nach gemachtem Gebrauch dem Commodanten natürlich nicht, wie beim Darlehen, die gleiche Summe, sondern dieselbe Species geschuldet und zurückgegeben wird.

Drittens (und dieses ist das Entscheidende) hatte Gaius in der Pariser Glosse, wie man aus der Erklärung durch νόμου χάριν ersehen kann, von einem Gesetz gesprochen, dem durch das fragliche Scheingeschäft genügt werden müsse und zwar von dem Gesetz κατ' ἐξοχήν, den zwölf Tafeln. In dem Pandektenauszug aber ist von einem Gesetz überall nicht die Rede, am wenigsten von dem Zwölftafelgesetz über die Mancipation.

Aber Cujas beruft sich noch auf ein anderes, bei Marcellus erwähntes Scheingeschäft. Wenn Jemand Hundert schuldet und der Gläubiger will ihm Neunzig erlassen, so kann Dieses vor Allem so geschehen, dafs er dem Gläubiger Neunzig promittirt und dieser sich für diese Summe auf die entgegengesetzte Frage des Schuldners befriedigt erklärt. Aber nach Alfenus hatte Servius Sulpicius noch einen andern Tilgungsmodus gelehrt, als den, für welchen in der Aquilianischen Stipulation das gewünschte umfassendste Formular erfunden ward. Dieser etwas umständliche Aufhebungsact besteht nämlich darin, dafs der Schuldner dem Gläubiger Zehn baar zahlt, diese Summe neun Mal vom Gläubiger zurück empfängt, nach dem zehnten Mal hingegen dem Gläubiger beläfst. Einige Juristen waren zwar der Meinung, dafs wer eine Baarzahlung unter der Modalität ihrer Rückgabe annehme, nicht sowohl den Erlafs einer Forderung und die partielle Entlastung des Schuldners, als vielmehr die Erfüllung seiner eigenen Verpflichtung im Auge habe, da er eben das Empfangene nicht behalten dürfe, sondern zurück geben müsse. Dieser Zweifel wurde jedoch von Servius mit Recht ver-

---

(1) Ulpianus lib. XXVIII ad Edictum L. 3. §. 6 D. Commodati (13, 6) Non potest commodari id quod usu consumitur, nisi forte ad pompam vel ostentationem quis accipiat.

worfen, weil ja auch das Zurückgegebene wiederum zurückempfangen und daher schliefslich vom Gläubiger zurückbehalten werden soll (1).

Jene von Cujas versuchte Beziehung der Pariser Glosse auf das Pandektenfragment aus Marcellus wird nun aber vor Allem schon durch den Umstand ausgeschlossen, dafs es nach der Pariser Glosse nicht Servius Sulpicius, oder Alfenus oder Marcellus sondern der Rechtslehrer Gaius war, der den Ausdruck dicis gratia gebraucht hatte.

Allein auch hiervon abgesehen war die bei Servius erwähnte Zahlung keine Scheinzahlung, sondern eine wiederholte Rückzahlung nur mit zurück empfangenem Gelde. Eine Scheinzahlung würde die Schuld überall nicht getilgt haben, während bei ernstlicher Zahlung mit eigenem Gelde der Ursprung des Geldes als gleichgültig betrachtet werden mufste.

Endlich würde auch hier das Gesetz fehlen, von dem doch die griechische Uebersetzung nun einmal ausdrücklich spricht. Denn dafs durch wirkliche Zahlung jede Obligation gelöst wird, ist gewifs ein Rechtssatz, der sich ohne Volksschlufs aus dem Wesen des Schuldverhältnisses von selbst ergiebt.

Sehen wir daher zu ob sich nicht in den Institutionen des Gaius eine besser passende Beziehung findet.

In den Institutionen des Gaius wird von Rechtsgeschäften, welche

---

(1) Cuiacius observ. l. c. Potest etiam poni exemplum ex *l. Si quis duos D. de solut.* Diese L. 67. D. de solut. (46, 3) aus Marcellus lib. 43 Disgestorum lautet wörtlich: Si quis duos homines promiserit et Stichum solverit: poterit, eiusdem Stichi dominium postea consecutus, dando liberari. In nummis minor, vel prope nulla dubitatio est. Nam et apud Alfenum Servius eum, qui minus a debitore suo accipere et liberare eum vellet, respondit, posse saepius aliquos nummos accipiendo ab eo eique retro dando ac rursus accipiendo id efficere: veluti si centum debitorem decem acceptis liberare creditor velit, ut, cum decem acceperit, eadem ei retro reddat, mox ab eo accipiat, ac novissime retineat: etsi in dubitationem a quibusdam hoc male deducatur: quod non possit videri is, qui ita accepit, ut ei, a quo accepit, retro reddat, solvisse potius quam decessisse. Die Schwierigkeit dieser Stelle liegt in den Schlufsworten. Solvisse als Handlung des Gläubigers gedacht, ist nicht Zahlung, sondern Liberation oder Erlafs der Forderung. Der Gegensatz davon wäre Erfüllung einer Schuld. Dazu pafst die Florentinische Lesart decessisse freilich sehr schlecht. Dedisse, wie die Vulgata und Haloander hat, ist natürlich nur Conjectur, da die Stelle aus dem Digestum novum stammt, es trifft aber den Sinn besser wie Russards accepisse oder gar Contius' decidisse. Am besten dürfte reddidisse passen.

nur scheinbar um des ihrem Begriff entsprechenden rechtlichen Erfolgs, in der That aber um einer unentbehrlichen Rechtsform willen eingegangen werden, an mehr als Einem Ort gehandelt.

Zunächst heifst es 2, 252 von den vor dem Trebellianischen Senatsbeschlufs zum Zweck der Restitution einer Fideicommifserbschaft üblich gewesenen Scheinkäufen:

> olim . . in usu erat, ei, cui restituebatur hereditas nummo uno eam hereditatem dicis causa venire.

Allein es wird hier der Ausdruck dicis causa, nicht dicis gratia gebraucht und es könnte daher aus dieser Stelle nicht unsere Glosse, sondern nur die unmittelbar hervorgehende

Dicis causa, νόμου χάριν, λόγου χάριν.

ausgezogen sein, deren Abkunft aus Gaius dem Juristen jedoch nur dann ausdrücklich bezeugt sein würde, wenn man die Worte ὡς παρὰ Γαΐῳ τῷ νομικῷ auf beide Glossen beziehen dürfte, wozu man aber eben nicht befugt ist.

Nicht besser pafst eine zweite Stelle, trotzdem, dafs in ihr die Worte dicis gratia wirklich vorkommen. Von dem Durchgang Freier durch die Mancipii causa, den scheinbaren Sclavenstand freier Menschen behuf Entlassung aus der väterlichen Gewalt oder aus der Manus lehrt Gaius 1, 141 wörtlich:

> ac ne diu quidem in eo iure detinentur homines, sed plerumque hoc fit dicis gratia uno momento: nisi scilicet ex noxali causa mancipparentur.

Aber hier bedeutet Dicis gratia nicht νόμου χάριν sondern ad speciem. Denn nicht das alte Gesetz über die dreimalige Mancipation des Haussohnes, welches noch Dionysios von Halikarnassos in der vierten Gesetztafel des Zwölftafelgesetzes auf dem römischen Forum las, rief jenen vorübergehenden Scheinzustand hervor. Der Durchgang durch die Mancipii causa war vielmehr durch den Rechtssatz bedingt, dafs die Gewalt des Vaters und die Manus nur durch den Tod, nicht aber durch künstliche Entlassung gelöst werden könne. Dieser Rechtssatz aber ist weit allgemeinerer Natur, als das in den Zwölf Tafeln erwähnte Vorrecht des nächsten Erben.

Dieselbe Bewandtnifs hat es mit der nur dicis gratia zu interponirenden Autorität des Geschlechtsvormundes 1, 190, welche ebenfalls nicht auf Gesetzen beruht.

In der That bleibt nur Eine Stelle des Gaius übrig, auf welche unsere Glosse Dicis gratia, νόμου χάριν buchstäblich paſst. Diese Stelle gehört seiner Erörterung der Testamentsformen an.

Das Mancipationstestament, lehrt der Jurist 2, 103 wird gegenwärtig in anderer Weise errichtet als vor Diesem. Ehemals war der familiae emptor Testamentsvollstrecker an Erben Statt, die Mancipation geschah also institutionis causa, die Mancipationsauflagen enthielten die Legate. Ein einfaches Mandat an den Erben hätte der Lex mancipii nicht gleich gestanden, da keine Obligation ihren Anfang erst in der Person des Erben nehmen konnte (3, 158). Jetzt hingegen, fährt der Rechtslehrer fort, erfolgt die Mancipation der familia nicht mehr institutionis, sondern dicis gratia: denn die Erbenstellung wird allererst durch die Einsetzung im Testament begründet und die Legate müssen nunmehr dieser Institution, nicht mehr der Mancipation, beigefügt werden. Das Testament hat sich mithin aus einer gleichsam öffentlichen in eine heimliche, aus einer mündlichen in eine schriftliche Form zurückgezogen. Neben dem wirklichen Erben und Testamentsvollstrecker bleibt der familiae emptor nur noch ein Scheinerbe, dessen Zuziehung unvermeidlich schien, weil der neuen Form ohne sie die rechtliche Autorität der alten gefehlt haben würde: nunc vero, sagt Gaius 2, 103 alius heres testamento instituitur, a quo etiam legata relinquuntur, alius dicis gratia propter veteris iuris imitationem familiae emptor adhibetur. Jenes alte Recht aber wird ausdrücklich als die lex publica des römischen Volks bezeichnet, denn Gaius fährt 2, 104 fort: qui facit testamentum — mancipat alicui dicis gratia familiam suam und läſst den familiae emptor das ganze Rechtsgebiet des Andern in Obhut und Verwahr nehmen damit jener ein rechtsgültiges, und zwar ein der lex publica genau entsprechendes Testament machen könne: quo tu iure testamentum facere possis secundum legem publicam. Was unter dieser lex publica zu verstehen ist, sollte billig nicht mehr bezweifelt werden. Das allgemeine staatsbürgerliche Recht der Testamentifaction kann es nicht sein. Dieses Recht ist zwar ius publicum(1),

(1) Papinian. lib. XIV. quaestionum L. 3. D. qui testam. facere (28, 1.) Testamentifactio non privati sed publici iuris est.

aber es wird nicht ausschliefslich in der Form der mancipatio familiae geübt, während doch gerade diese auf eine lex publica zurückgeführt wird. Die alten Comitialformen bestanden ja rechtlich neben dem Mancipationstestament noch fort ([1]). Es mufs also mit der lex publica speciell das Zwölftafelgesetz und in dieser lex publica populi Romani κατ' ἐξοχὴν wiederum nicht die allgemeine Klausel über die freie Privatautonomie, das berühmte uti legassit super familia tutelave suae rei ([2]) — sondern die specielle Bestimmung über das Nexum und Mancipium mit mündlicher lex mancipii gemeint sein. Der Einwand, dafs dieses cum nexum faciet mancipiumque uti lingua nuncupassit ita ius esto ([3]) den bindenden Vertrag unter Lebenden betreffe, welcher zu dem jederzeit widerruflichen letzten Willen einen directen Gegensatz bildet, ist leicht zu beseitigen. Indem die Jurisprudenz die Vertragsformen auf letzte Willen übertrug, um Testamente im Siechbette zu ermöglichen, welche durch die alten Comitialformen ausgeschlossen waren, wahrte sie durch die Klausel quo tu iure testamentum facere possis und in mandatela custodelaque mea esse aio zugleich die Freiheit und Veränderlichkeit des letzten Willens. Eine Mancipation, einzig zum Zweck eines Mandatsverhältnisses und eines letzten Willens, bleibt auch ohne Vorbehalt einer Remancipation jederzeit widerruflich.

Also schon die wortgetreue Wiedergabe des dicis gratia durch νόμου χάριν macht es wahrscheinlich, dafs dem Verfasser des Glossars Gaius 2, 103 und 104 vorgelegen hat. Da er jedoch auch dicis causa 2, 252 durch νόμου χάριν wiedergiebt, während hier kein Gesetz vorliegt, da er also auch bei dicis gratia an 1, 141 gedacht haben könnte, so mag zur Ergänzung des Beweises noch hervorgehoben werden, dafs die Umgebungen von Gaius 2, 103 und 104, die Testamentsformen, in dem Pariser Glossar so stark

---

(1) Gaius 2, 102. *Accessit* deinde tertium genus testamenti — si subita morte urguebatur. —

(2) Cic. de invent. 2, 50, 148. (Rhet. ad Herenn. I, 13, 23.) Gai. 2, 224. Ulp. XI, 14. Paul. L. 53. pr. L. 8. D. de verb. sign. (50, 16.) Pomponius L. 120. D. eodem. Paul. L. 20. §. 1. D. de testam. tut. (26, 2.) Nov. 22. c. 2.

(3) Cic. de off. 3, 16. §. 65. de or. I, 57. §. 245. Varro de l. l. 6, 10. Festus v. Nuncupata. Fragm. Vat. 50. mancipationum leges lege XII tabularum confirmantur. L. 2. L. 48. D. de pactis (2, 14.)

und vorzugsweise excerpirt sind, dafs ein Zweifel an der Entlehnung der Glosse aus dieser Stelle nicht wohl mehr übrig bleiben kann.

Die Erörterung der Testamentsformen eröffnet bei Gaius den Abschnitt vom Rechtserwerb mittels Eintritts in eine Vermögensgesammtheit. Dieser Abschnitt wird 2, 97 mit den Worten videamus itaque nunc, quibus modis per universitatem res nobis adquirantur eingeleitet, von denen wenigstens καθ' ὁμάδα per universitatem im griechischen Glossar von Laon einen Platz gefunden hat.

Adquiruntur προσπορίζονται im lateinischen Pariser Lexicon stammt freilich nicht aus 2, 191 quibus per universitatem res nobis adquiruntur oder aus unserer Stelle, sondern aus 3, 83 patri adoptivo adquiruntur.

Dann aber fährt Gaius 2, 99. 100 fort: Ac prius de hereditatibus dispiciamus, quarum duplex condicio est: nam vel ex testamento, vel ab intestato ad nos pertinent. Et prius est, ut de his dispiciamus, quae nobis ex testamento obueniunt. Und aus dieser Stelle ist Ex testamento ἀπὸ διαθήκης, ex intestato ἐκ oder ἐξ ἀδιαθέτου, ab intestato, ἀδιαθέτως wenigstens in die Serviusglossen und das Strasburger Onomasticon übergegangen. Es bekundet also sogar einen noch weiter verbreiteten lexicalischen Gebrauch des Gaius.

Es folgt bei Gaius 2, 101 die Beschreibung der zwei ältesten Testamentsformen: des Friedenstestaments in calatis comitiis, quae comitia bis in anno testamentis faciendis destinata erant und des Kriegstestaments in procinctu, id est cum belli causa ad pugnam ibant. Beide dem Gaius eigenthümliche Erklärungen kehren in den Glossaren wieder, die erste in der Glosse calata comitia ἀρχιερέσια δὶς τοῦ ἔτους γενόμενα, die zweite unter Procinctum ὅταν εἰς πόλεμον συγκαλέσωνται [1]: allerdings mit ähnlicher Freiheit wie das Isidorische cum belli causa arma sumebantur.

---

[1] Die Glosse In procinctu ἐν προτομῇ στῆναι μετὰ ἐσθῆτος ὑπατικῆς ἤτοι διαθέσθαι ἐν παρατάξει πολέμου ἀγράφως benutzt noch andere Quellen als Gaius: vgl. Cic. de or. 1, 53. §. 288. tamquam in procinctu testamentum faceret sine libra atque *tabulis* und Servius zu Vergil. Aen. 7, 612. (Ipse Quirinali trabea cinctuqne Gabino Insignis cet.) Gabinus cinctus est toga, sic in tergum reiecta, ut una eius lacinia revocata hominem cingat. Hoc autem vestimenti genere veteres Latini, cum necdum arma haberent, praecinctis togis bellabant: unde etiam milites in procinctu esse dicuntur. Hoc rursus utebatur *consul* bella indicturus,

Aus der Erörterung über die Mancipation bei dem tertium genus testamenti, welche 2, 104 mit den Worten qui facit testamentum — mancipat alicui dicis gratia familiam suam anhebt, ist aufser dem schon besprochenen dicis gratia sogar das Wort mancipat καταγράφει wahrscheinlicher als aus Gaius 1, 132 in das Pariser Glossar genommen, während aus dem Formular des familiae emptor die Formen mandatela und custodela, die doch dem Priscian bemerkenswerth genug erschienen, in den Glossaren keine Stelle gefunden haben. Dagegen ist wiederum das folgende deinde aere percutit libram und das auch von Isidor wie nach diesem in der Turiner Institutionenglosse ausgezogene ita do, ita lego, ita testor u. s. w. durch die Glossen percutit κρούει πλήσσει παίει ῥαπίζει, do δίδωμι, λεγατεύω lego, μαρτύρομαι testor, ἀναγόρευσις ὀνομασία διαθήκη ἄγραφος nuncupatio sogar in beiden Wörterbüchern vertreten.

Nach diesen Belägen wird es weiterer Verweisungen auf die zahlreichen, namentlich durch Beibehaltung der Casusendungen völlig characteristischen Glossen aus dem dritten und vierten Buch des Gaius kaum noch bedürfen. Es genügt beispielsweise an folgende unmittelbar von der Lesung ausgeschriebene Excerpte zu erinnern: an die Glossen Transcriptitiis μεταγραπτέοις aus 3, 128. 133, Arcaria τραπεζιτικά aus 3, 131, an sämmtliche furtorum genera und actiones aus 3, 183 ff., an das ungewöhnliche Depretiati ἐλαττωθέντες aus 3, 212, welches sonst nur noch bei Paulinus von Nola carm. 22, 56 pretio depretiatus homo und Paulus L. 22, §. 1. D. ad legem Aquil. (9, 2.) corpora depretiata also in anderem Genus und Casus vorkommt, an das Wort παραγγελία im Laoner Wörterbuch mit einem ganzen Satz aus 4, 18, an facto conceptas 4, 46. 47, besonders aber an constituta ὁρισθείσης, wo sich der sonst unbegreifliche Genetiv nur aus 4, 171 constitutae vero pecuniae partis dimidiae erklären läfst. Da eine solche Uebereinstimmung nicht mehr Zufall sein kann, so ergiebt sich, dafs den alten Lexicographen Gaius in eben demselben Mafse die Rechtssprache vertreten hat, in welchem sie ihren Terenz und Vergil für die Dichtersprache und ihren Cicero für die oratorische Prosa verwertheten. Wie er den Rechts-

deo, quod cum Gabii, Campaniae civitas, sacris operaretur, bellum subito evenit. Tunc cives togis cincti suis ab aris sunt ad bella provecti et adepti victoriam. Propter quod omen tali habitu semper utebantur in bellis. Schol. Pers. 5, 31. Val. Max. 1, 1. Claudian. de tertio cons. Honor. v. 3. de quarto cons. Hon. v. 6. Turnebi advers. 22, 19 schulen der Gaius noster ist, wie er bei Lydus (de Mag. 1, 34.) sogar als *νομογράφος* bezeichnet wird, gleich als ob er die Zwölf Tafeln nicht etwa nur commentirt, sondern selbst verfaſst hätte, wie die Notae Lugdunenses, die übrigens die Sigle dicis gratia ebenfalls aufgenommen haben, unter ꞔı den ga ius (sic! p. 278 Mommsen) citiren, so gilt er auch den Grammatikern als der *νομικὸς κατ᾽ ἐξοχήν*.

In welcher Ueberlieferung sie ihn benutzt haben mögen? das scheint auf den ersten Anblick eine Frage, die bei der Zerbröckelung und Abgerissenheit der Excerpte nicht einmal aufgeworfen werden darf. Gleichwohl ist durch ein glückliches Ungefähr Ein Fragment erhalten, aus welchem wenigstens so viel mit Sicherheit geschlossen werden kann, daſs es der rescribirte Codex 15 der Veroneser Dombibliothek n i c h t war. Dieses Bruchstück ist die Pariser Glosse cum res agitatur, *ὅτε ἡ ἀγόραιός ἐστιν*. Augenscheinlich ist sie aus Gaius 2, 279 genommen, wo von den Gerichtszeiten die Rede ist, in welchen man Fideicommisse und Legate einklagen könne. Nachdem unmittelbar vorher 2, 278 gesagt war daſs man Legate mittels einer Formula, also im altcivilen ordentlichen Rechtswege fordern dürfe, Fideicommisse dagegen nur mittels einer Cognition des Consuls, Fideicommiſsprätors oder Statthalters verfolgen könne, wird als eine fernere Verschiedenheit 2, 279 bemerkt, daſs die Fideicommiſsjurisdiction in der Stadt ohne Unterbrechung fortgehe, die Rechtspflege in Legatsachen dagegen auf die Geschäftszeit der Judices beschränkt sei. Dies ist im Veroneser Gaius so ausgedrückt:

> item de fideicommissis semper in urbe ius dicitur: de legatis vero cum res aguntur

denn so hat Göschen ohne in den Scheden die Spur eines Zweifels anzumerken, den Schluſs gelesen. Der Verfasser des Glossars aber muſs schon in seinem Gaius cum res agitatur gefunden haben: der Artikel in seiner Uebersetzung *ὅτε ἡ ἀγόραιός*, nämlich *ἡμέρα*, *ἐστιν* deutet zu bestimmt auf den Singular hin. Und auch anderswo wird agitare stets auf den Betrieb einer bestimmten einzelnen Angelegenheit bezogen, so in den Rechtsbüchern agitare causam, iudicium, exceptionem, cognitionem (Cod. Iust. 2, 47) und in der Sepulcralrede auf die Turia v. 10 quae dum agitabas und v. 15 qui rem agitabant (Abhandlungen der Akademie 1863 S. 460.) Nun paſst freilich der Singular in die allgemeine Gerichtseinrichtung, welche Gaius darstellen will, nicht. Ein Termin zur Verhandlung der einzelnen Sache kommt ganz in derselben Weise bei Fideicommissen wie bei Legaten vor. Es ergäbe sich also ein völlig identischer ja tautologischer Satz. Und auf den Landtag, conventus, forum bezogen, den das Lexicon ebenfalls durch ἀγόραιος, ἀγορά, συνέλευσις übersetzt, enthielten die Worte des Gaius eine provinzielle Einrichtung, während er doch gerade im Gegentheil eine hauptstädtische (in urbe) im Sinne hat. Dagegen bezeichnet der Plural cum res aguntur jenen wohlbekannten römischen actus rerum, in dem nicht erst die neuere republicanische ([1]) und die Kaisergesetzgebung ([2]), sondern schon der Parasit in

([1]) In der Lex Acilia 631 oder 632 kommt der erste September als Endtermin für die öffentliche und Anfangstermin der recuperatorischen Verfolgung im Repetundenprozefs vor. v. IX. *Quei ex h(ace)* l(ege) pequniam petet nomenque detuler[*it*], quoius eorum ex h(ace) l(ege) ante K(alendas) Sept(embres) petitio erit, sei is volet sibei patronos in eam rem darei, pr(aetor), ad quem [*de ea re aditum erit, patronos eiei-dato* rel. und v. VII. VIII. *Qu*]oius eorum ita nomen ex h(ace) l(ege) post K(alendas [*S*]ept(embres) quae eo anno fuerint, delatum erit, quei eorum eo ioudicio condemnatus erit, quanti eius rei slis ae[*stumata erit, tantam pequniam privato — d(are) d(amnas) esto — ea pequni*]a eius esto. Pr(aetor) quei ex h(ace) l(ege) q[*uaeret, facito, utei — pro portioni tribuatur, quodque tributu*]m erit, id utei privato solvatur quei eorum petet. Vgl. Abhandlungen der philosophisch-historischen Klasse der Königl. Akademie der Wissenschaften 1861 S. 435. 438. — Cicero will den September, wenn in Rom häufig Spieltage und Gerichtsferien sind, zu einer Reise nach Gallien benutzen, um sich dort als Candidat zu präsentiren: Nos — quoniam videtur in suffragiis multum posse Gallia, cum Romae a iudiciis forum refrixerit, excurremus mense Septembri legati ad Pisonem, ut Januario revertamur. (ad Att. I, 1. cf. in Verr. I, 10 §. 31.) In weniger bestimmter Zeitbegränzung gedenkt er der res prolatae in der or. post red. in senatu 11. quid? ut ad illam diem, res cum redissent, rogarentur, ut pari studio convenirent. p. Sextio 62. Decrevit—senatus, ut iis qui ex Italia salutis meae causa convenirent, agerentur gratiae: atque ut iidem ad res redeuntes ut venirent rogarentur. ad Att. 14, 5. Meam stultam verecundiam, qui legari noluerim ante res prolatas, ne deserere viderer hunc rerum tumorem, cui certe si possem mederi deesse non deberem. 7, 12. nec eum rerum prolatio nec senatus magistratuumque discessus, nec aerarium clausum tardabit. ad Quintum fratrem 3, 8, 4 revertar ad institutum idque perficiam his supplicationum otiosis diebus — res prolatae. ad interregnum comitia adducta. pro Muraena 13, 28 sapiens existimari nemo potest in ea prudentia, quae neque extra Romam usquam, neque Romae, rebus prolatis, quidquam valet. Die eigentliche Geschäftszeit waren also schon damals die Winter- und Frühlingsmonate bis zum Eintritt der heifsen Jahreszeit und es liegt kein Grund vor, die Scheidung der Winter- und Sommermonate mit Huschke (Iurispr. ant. p. 85.) erst für eine Augustische Einrichtung zu halten. Vgl. Alciati Parerg. VI. 23, Pithoei Advers. lib. 2. c. ult. P. Manutius ad Cic. ep. ad Att. 7, 12.

([2]) Sueton. Oct. 32 plerisque iudicandi munus detrectantibus vix concessit ut singulis

Plautus Captivi[1] die Sommer- und Wintersaison, die res prolatae und redeuntes, Letzterer natürlich vom gastronomischen Standpunkt, wie folgt, zu unterscheiden weiſs:

Vbi rés prolatae súnt, quom rus hominés eunt:
Semúl prolatae rés sunt nostris déntibus.
Quasi quóm caletur cóchleae in occultó latent,
Suó sibi suco uíuont, ros si nón cadit:
Itém parasiti rébus prolatís latent

---

decuriis per vices annua vacatio esset et ut solitae agi Novembri ac Decembri mense res omitterentur. (Er gab also diese beiden Monate, die ohnehin oft unterbrochen wurden, ganz frei). Claud. 23. Rerum actum divisum antea in hibernos aestivosque menses coniunxit. (Darauf gehen die Scherze in Seneca's ἀποκολοκύντωσις: ego eram qui tibi ante templum tuum ius dicebam totis diebus mense Iulio et Augusto. Tu scis, quantum illic miseriarum pertulerim, cum causidicos audirem — maluisses cloacas Augiae purgare. multo plus ego stercoris exhausi, womit Claudius den Hercules anredet und Augustus Sentenz placet mihi in eum severe animadverti nec illi rerum iudicandarum vacationem dari; endlich die naenia: Quis nunc iudex Toto lites Audiet anno?). Nero 17. cautum — utque rerum actu ab aerario causae ad forum ac recuperatores tranferrentur. Galba 11. iudicibns concessum a Claudio beneficium, ne hieme initioque anni ad iudicandum evocarentur eripuit. Plin. Ep. 4, 29 Eia tu, cum proxime res agentur quoquo modo ad iudicandum veni — Ecce — Nepos praetor — multam dixit etiam senatori; 8, 21. Iulio mense, quo maxime lites interquiescunt 9, 25. Nunc me rerum actus — distringit, quo finito rel. Lucanus ad Pisonem v. 73. 74. — si quando iudice fesso Turbida prolatis tacuerunt iurgia rebus. Tacit. ann. 2, 35. Res eo anno prolatas haud referrem . . . Seneca de brev. vit. 7. Quando inquit (patronus) res proferentur. Statius Silv. 4, 4, 39-43 Certe iam Latiae non miscent iurgia leges Et pacem piger annus habet messesque reversae Dimisere forum. nec iam tibi turba reorum Vestibulo querulique rogant exire clientes Cessat centeni moderatrix iudicis hasta. Cyprian. Ep. 2. ad Donatum: tempus, quo indulgente vindemia, solutus animus in quietem, solemnes ac statas anni fatigantis indücias sortitur. Minuc. Felix Octav. 10. Sane et ad vindemiam feriae iudiciariam curam relaxaverant. Augustin. confess. 9, 2. vindemiales ferias. Serv. ad Aen. 6, 431 tempore enim quo causae agebantur *conveniebant* omnes — et ex sorte dierum ordinem accipiebant, quo post dies triginta suas causas exsequerentur scheint sich auf provinzielle Einrichtungen (Cic. Verr. 2, 15 und 16 §. 17.) zu beziehen und in mehr oder weniger allgemeinem und uneigentlichem Verstande wird *Praetor* rem agito in der lex Acilia v. 50. (Abhandl. der Akad. hist.-philos. Klasse 1861 p. 182), At ut videatur tamen res agi et non eripi pupillo bei Cic Verr. I, 56, 146 und ad actum rei pugnamque praesentem bei Quintilian 10, 1. 31 gesagt.

[1] Plauti Captiv. Actus 1, v. 63—87.

In occúlto, miseri uíctitant sucó suo,
Dúm rúri rurant hómines quos ligúrriant.
Prolátis rebus párasiti uenátici
Canés sumus: quando rédierunt, Molóssici
Odiósicique et múltum incommodéstici.

In dieser Stelle des Gaius wird demnach die Lesart der Pariser Glosse zwar unbedenklich zurück stehen müssen. Sie liefert jedoch in Verbindung mit ähnlichen Varianten das nicht unerhebliche Resultat: daſs sich auſser der Veroneser Ueberlieferung zunächst in den Glossaren von Paris und Laon Bruchstücke anderer unabhängiger Handschriften erhalten haben, die zwar im Ganzen die Veroneser Ueberlieferung nur bestätigen, an einigen Orten, von denen sogleich noch genauer zu handeln sein wird, aber abweichen und daher sogar Ergänzungen oder Verbesserungen jener zu gestatten scheinen. Zwar ist nun diese lexicale Ueberlieferung nur eine mittelbare durch den Auszug von zweiter Hand. Allein auch die Veroneser besitzen wir ja in den wichtigsten Stücken heute nur noch in Göschen's Scheden und Bluhmes Entzifferungen. Ja diese letzteren existiren nur noch in den Skizzen und Vorstudien aus zwei verschiedenen Jahren, welche jetzt, nachdem sie von Lachmann zur dritten Ausgabe (1842) benutzt waren, bei Göschen's Scheden in der Königl. Bibliothek verwahrt werden. Bluhmes fertige Arbeit selbst war durch einen merkwürdigen erst kürzlich veröffentlichten Unfall ([2]) verloren gegangen. Als ich im August 1864 zu Verona

([1]) „Es war, — so berichtet Bluhme S. 447. des dritten Bandes der Zeitschrift für Rechtsgeschichte (1864) — um die Zeit des Veroneser Congresses, im October 1822, als ich bei meinem zweiten Aufenthalt in Verona die Revision des Gaius abschloſs, und ihre letzten Resultate am 16. October persönlich der Post zur Beförderung übergab. Sie waren an Hugo in Göttingen addressirt und da ich sie wenige Tage zuvor, in einem Briefe vom 10. October an Göschen, bereits angekündigt hatte, so durfte ich eine nochmalige Meldung der erfolgten Absendung wohl für entbehrlich halten. Von dem Ausbleiben der in Göttingen vergeblich erwarteten Blätter ward ich erst, nach längeren Arbeiten in Vercelli und nach manchem Hin- und Herjagen, gegen das Ende Februars in Rom unterrichtet. Es ist kein Mittel unversucht geblieben, meinen Brief wieder aufzutreiben: von Niebuhr wurden gesandtschaftliche und persönliche Einflüsse in Wien, von mir günstige Vermittlungen bei Veroneser Postbeamten wie bei der Oberpostbehörde in Venedig benutzt. — Meine Nachbildungen der schwierigsten Stellen des Gaius, mit ganzen und halben Buchstaben, jene zu ergänzenden Stellen in der Handschrift nachschlug, fand ich namentlich im vierten Buch eine Nachwirkung der schärferen Reagentien, welche in dem gelbgrünen oder gufseisenfarbenen Ueberzug nur noch undeutliche Erhöhungen, aber keinerlei Schriftzüge mehr erkennen liefs([1]).

mit Strichen, Punkten und Fragezeichen, mogten von den „Logisten" für eine neu erfundene Chifferschrift gehalten werden — hat man doch auch acht Jahre später einen von Felix Mendelsohn in Venedig der Post anvertrauten Brief darum beseitigt, weil er musikalische Noten enthielt. Mich aber wird es wohl am schwersten gravirt haben, dafs mein Brief an Hugo auch der griechischen Constitution gedacht hatte, mit der ich „bald fertig zu werden" hoffte, d. h. nicht der neuen Verfassung, welche die damals um ihre Freiheit ringenden aber in Verona noch zurückgewiesenen Griechen sich geben wollten, sondern Einer der drei Verordnungen Justinians in griechischer Sprache, die in den Veroneser Palimpsesten des justinianischen Codex neu aufgefunden aber schwer zu entziffern waren." „Freilich — fährt Bluhme fort — war der Schaden, den dieser Conflict zwischen Gaius und den Congrefsmächten anrichtete, kein totaler; er betraf aufser dem Schlufs des dritten, vorzüglich das besonders wichtige vierte Buch des Gaius und ich bewahrte noch eine gröfsere Anzahl kleiner Blättchen, auf welche die einzelnen Buchstaben einstweilen eingetragen waren, die sich in den desperatesten Stellen vorläufig dem Auge darzubieten schienen, ohne dafs ich damit zu verständlichen Worten gelangt wäre. (Göschens und Hollweg's genaue Abschriften standen in ihrer ursprünglichen Form mir nicht zu Gebote, weil sie in Berlin bei den Vorbereitungen zur zweiten Ausgabe nicht zu entbehren waren.) Daraus liefs sich nun wohl eine neue Gesammtabschrift zusammentragen, nur dafür war keine volle Garantie zu leisten, dafs nicht auch Manches, was spätere Lesungen definitiv verworfen oder wesentlich verbessert hatten, mit aufgenommen wurde." So weit Bluhmes Bericht über jenen bedauerlichen Zwischenfall: um so bedauerlicher, als sich der Schaden aus der Handschrift selbst nicht mehr ergänzen läfst.

([1]) Als die bewährtesten für die schwarze Tinte nennt Bluhme a. a O. die Schwefelleber, die Galläpfeltinctur und die Giobert'sche Mischung von Acidum muriaticum und Kali zootinicum. „Ueber die Schwefelleber" sagt er S. 450. „gehen die Erfahrungen sehr auseinander; nur das bestätigen sie einstimmig, dafs sie dem Pergament am wenigsten schadet. Die glänzendsten Erfolge bezeugt Ritschl auf Grund seiner viermonatlichen Arbeiten über den Mailänder Palimpsesten des Plautus in Zimmermanns Zeitschrift für Alterthumswissenschaft Bd. IV, 1837. Nr. 91—93." Unglücklicher Weise kam aber gerade dieses gelindeste und wirksamste Reagens der Handschrift des Gaius nicht zu Statten. „Mir ward — setzt Bluhme hinzu — dieses Mittel seines infernalischen Gestankes wegen, wie in Mailand, so auch in Verona nicht gestattet; es war dies beinahe die einzige Beschränkung, die der freundliche und geduldige Bibliothekar der Veroneser Capitularbibliothek, Domherr Guarienti (gestorben 1827) mir auferlegte." Freilich bemerkt Bluhme: „Die gefährlichsten Versehen sind immer diejenigen, die gleich bei dem ersten Angriff solcher Arbeiten begangen werden." Allein Göschen und Hollweg hatten nur Galläpfeltinctur angewendet.

Die sämmtlichen Glossen, die sowohl das Pariser als Laoner Glossar mehr oder minder wahrscheinlich aus Gaius entlehnten, gebe ich in alphabetischer Ordnung und nach der Folge des Gaius in den Beilagen. An dieser Stelle ist daher nur noch derjenigen Auszüge besonders zu gedenken, aus welchen eine Restitution oder Ergänzung oder Verbesserung unsers Textes versucht werden kann.

Dahin gehört I. zunächst das noch neuerdings von Böcking bezweifelte pro portione 2, 155, das doch sogar im Edict stand und durch beide Glossare bestätigt wird. Das Pariser hat proportione κατὰ τὸ ἀνάλογον, καὶ κατὰ τὰ ἐπιβάλλον, das Laoner κατὰ ἀναλογίαν pro porcione. Erst durch falsche Siglenauflösung des Veroneser Literarius ist das unverständliche propter constructione entstanden (Huschke, Gaius S. 46.)

II. Der §. 83 des dritten Buchs lautet in Huschkes Ausgabe:

> [*Ecce enim*] cum pater familias se in adoptionem de[*dit*], mulierue in manum conuenit [*omnes eor*]u[*m*] res incorporales et corporales quaeque ei[*s*] debitae sunt, patri ado[*pt*]iu[*o*] coemptionatoriue adquiruntur, exceptis iis, quae per capitis deminutionem pereunt, quales sunt ususfructus, operarum obligatio [*libertorum*] quae per iusiurandum contracta est et [*quaecunque continentur*] legitimo iudicio.

Aber quaecunque continentur legitimo iudicio würden die in einem legitimum iudicium begriffenen Rechtsansprüche, also die in demselben verfolgten res corporales und incorporales oder actiones sein. So wird beispielsweise von dem Anspruch auf Zurücknahme fehlerhafter Sachen in L. 11, §. 3. D. de act. empti (19, 1) behauptet: Redhibitionem quoque contineri empti iudicio Labeo et Sabinus putant et nos (Ulpianus) probamus. Von diesen Rechtsansprüchen konnte nun aber unmöglich gesagt werden, dafs sie durch capitis diminutio untergehen. Denn entweder ist der verfolgte Anspruch ein Forderungsrecht und die Formel hat eine intentio iuris civilis, dann war er schon durch die Litiscontestation aufgehoben und konnte also nicht erst durch die spätere capitis diminutio nochmals beseitigt werden; oder aber jener Anspruch ist irgend welcher anderen Art, also eine in rem oder in factum actio, dann wird er durch die Litiscontestation nicht berührt(¹).

(¹) Gaius 4, 106 107. Et si quidem imperio continenti iudicio in personam actum fuerit sive

Es ist mithin schlechterdings kein Grund abzusehen, weshalb er nicht in Folge der capitis diminutio dem Adoptivvater oder Coemptionator gerade so gut erworben werden sollte, wie wenn er überall nicht bestritten wäre[1]. Ist es aber nicht der Klagegrund, so kann es nur die Procefsobligation auf condemnari oportere sein welche Gaius im Sinne hatte. Diese war in dem bürgerlichen legitimum iudicium nicht an die natürliche sondern die bürgerliche Persönlichkeit geknüpft. Aenderte sich diese durch capitis diminutio zwischen dem Rechtsgeschäft und dem Prozefsanfang, so mufste nach Publius Aufidius in das Judicium der jetzige Name aufgenommen werden[2]. Erlosch dagegen die civilrechtliche Persönlichkeit erst nach der Litiscontestation während der Verhandlungen vor dem Judex, so mufste folgerichtig auch die an sie geknüpfte Prozefsobligation aufhören. Wenn also aus materiellen Gründen hiergegen eine Abhülfe nothwendig schien, so konnte sie nicht im Wege blos subjectiver Umstellung des alten, sondern nur durch Niedersetzung eines ganz neuen Judiciums ertheilt werden. Den Ueber-

---

in rem siue in personam, siue ea formula, quae in factum concepta est, siue ea quae in ius habet intentionem, postea nihilominus ipso iure de eadem re agi potest: et ideo necessaria est exceptio rei iudicatae vel in iudicium deductae. at si legitimo iudicio in personam actum sit ea formula, quae iuris civilis habet intentionem, postea ipso iure de eadem re agi non potest, et ob id exceptio superuacua est: si uero vel in rem vel in factum actum fuerit, ipso iure nihilominus postea agi potest, et ob id exceptio necessaria est rei iudicatae vel in iudicium deductae. cf. 3, 180. 181. Fragm. Vat. 263 inchoatis litibus actiones novavit. L. 11. §. 1. D. de nov. (46, 2) fit delegatio — per litis contestationem. Ulp. L. 11. D. de iudiciis (5, 1.) Si a me fuerit adrogatus qui mecum erat litem contestatus, vel cum quo ego, solui iudicium Marcellus libro tertio Digestorum ait, quoniam nec ab initio inter nos potuit consistere. Tryphoninus L. 22. §. 3 D. de inoff. test. (5, 2.) Item si adrogavi eum qui instituerat litem de inofficioso testamento eius qui mihi legatum dedit, litemque peregero nomine filii nec obtinuero, perdere me legatum non oportet — cum non proprio nomine sed iure cuiusdam successionis egi. Beide Entscheidungen setzen die Succession in das contestirte Judicium voraus und die zweite sagt dies sogar ausdrücklich. Sie betraf eine in rem actio, die also durch die Litiscontestation nicht erloschen war. Auch durch Emancipation erlosch ein iudicium quod imperio continetur nicht. L. 17 §. 22. D. de iniur. (47, 10) L. 22 §. 5. D. sol. matr. (24, 3.)

(1) Gai. 3, 82 (47, p. 2.) omnes eorum res incorporales quaeque eis debitae (besser debita) sunt, patri adoptivo coemptionatorive adquiruntur.

(2) P. Aufidius: Si quis alio nocitatur nomine tum, cum lis contestatur, atque olim nocitabatur — Priscian. 8, 4 p. 371 Krehl. Zeitschrift für geschichtliche Rechtswissenschaft 10 S. 339.

gang der Prozefsobligation auf die Erben und ähnliche universelle Rechtsnachfolger, in denen die Persönlichkeit des Erblassers fortdauert, drückt nun Callistratus im ersten Buch seines Edictscommentars durch den Satz aus: Sciendum est ex omnibus causis *lites contestatas* et in heredem similesque personas transire(¹). Das Pariser Glossar giebt aber nicht nur contestatae *μαρτυρήσασαι* sondern sogar lites contestatae mit der sorgfältigen Uebersetzung *αἱ ἀρχὴν λαβοῦσαι ἐν δικαστηρίῳ δίκαι ἐξ ἀντικαθισστώτων.* Da ein anderer Ursprung nirgend ersichtlich ist, während die Worte in die Lücke von funfzehn Buchstaben nicht allein dem Sinn sondern auch dem äufseren Umfang nach auf das Genauste passen, so wird es gestattet sein, sie auf den Zusammenhang, dem sie entnommen scheinen, wieder zurückzuführen und daher am Schlufs von Gaius 3, 83 et *lites contestatae* legitimo iudicio zu ergänzen. Die Einwendung welche Böcking in der fünften Ausgabe gegen die Latinität der Wortstellung erhoben hat, erledigt sich aus Fragm. Vat. §. 47: ‚communi dividundo iudicio legitimo'.

III. Die sacramenti actio war der unrichtigen Behauptung so gefährlich, wie die actio pecuniae certae creditae im neuen Recht. Hollweg hatte die Lücke hinter falsi durch nomine ergänzt, Huschke hat nach Danz, (der sacrale Schutz S. 99 und Kap. 4.) sogar falsi iuris iurandi nomine unbedenklich in den Text genommen, obgleich bei der actio pecuniae creditae gewifs kein Eid geschworen wurde. Die Lexica haben falsidicus *ψευδολόγος, πλαστολόγος* und die richtige Ergänzung wird daher das alte Wort falsidicis sein: denn dicere ist der technische Ausdruck für die der forma und formula zum Grunde liegende Rechtsbehauptung der Partei. Falsiloquis, wie Savigny vorschlug, scheint zwar äufserlich noch besser in die Lücke zu passen, es ist aber spätlateinisch und entbehrt der bestimmten Beziehung auf die Rechtsbehauptung.

IV. Die merkwürdigste und ausführlichste aller Benutzungen des Gaius aber enthält unstreitig die Laoner Glosse. Labbé hat sie fehlerhaft wiedergegeben, in der Handschrift lautet sie buchstäblich so:

> Παραγγελία, Denuntiatio, condictio, interdictum condicere id est denuntiare, prisca lingua. Nunc uero conditionem omnem in personam actio mentionem dicimus.

(¹) Callistratus libro 1 Edicti monitorii L. 58 D. de obl. et act. (44, 7.)

Id für enim, conditionem für condictionem, actio mentionem für actionem sind leicht zu verbessernde Versehen des Abschreibers. Auf den ersten Blick erscheint sie wie ein Auszug aus den Justinianischen Institutionen, denn erst in diesen finden sich beide Sätze unmittelbar hinter einander, während bei Gaius 4, 18 der erste ganz fehlt und der Satz im Zusammenhang also lautet:

> Et haec quidem actio proprie condictio uocabatur: nam actor aduersario denuntiabat, ut ad iudicem capiendum die XXX adesset; nunc uero non proprie condictionem dicimus in personam actionem (*qua*) intendimus dari *nobis* oportere: nulla enim hoc tempore eo nomine denuntiatio fit.

Allein in den Institutionen Justinians ist die Stelle zu Gaius 4, 5 hinaufgerückt, der zweite Satz ist in barbarischer Weise verdorben, in ächt byzantinischem Hofton ist die erste Person in die dritte umgesetzt und zwar wie schon Savigny (System 5, 596 c.) richtig bemerkt hat, aus keinem andern Grunde als weil der Kaiser nicht seine eigene Person in die Erklärung einflechten wollte. Der aus Gaius 4, 5 und 18 zusammengeschmolzene §. 15 des Titels de actionibus hat daher in Justinian's Institutionen folgende Fassung erhalten:

> Appellamus autem in rem quidem actiones vindicationes: in personam vero actiones quibus dare aut facere oportere intenditur, condictiones. Condicere enim est denuntiare prisca lingua: nunc vero abusive dicimus condictionem actionem in personam esse, qua actor intendit dari sibi oportere. nulla enim hoc tempore eo nomine denuntiatio fit.

Aus der allgemeinen die incerti condictio mitumfassenden Definition quibus dari fierive oportere intendimus bei Gaius 4, 5 wird hier also ein alternatives quibus dare *aut* facere oportere intenditur, um dem Widerspruch mit dem späteren einfachen dari oportere auszuweichen, welches allein nur der condictio certi und triticaria angehörte. Und während Gaius berichtet, dafs man zu seiner Zeit dergleichen Personalklagen auch ohne Denunciation Condictionen nenne, kehren die Compilatoren den Satz um und geben Statt der Nomenclatur der Personalklagen eine schlechte Schuldefinition der Condictionen, eine Erklärung, die logisch zu eng und sprachlich geradezu unerträglich ist([1]).

([1]) Enger schliefst sich Theophilus an Gaius an, obgleich er die sprachliche Bemerkung

Es wird also dabei bewenden müssen dafs die Laoner Glosse unmittelbar aus Gaius 4, 18 ausgezogen ist.

Dann aber hat der Verfasser des griechischen Wörterbuchs in seinem Gaius zweierlei gelesen, was in der Veroneser Ueberlieferung ausgefallen ist.

Einmal den Satz Condicere enim est denuntiare prisca lingua, der eine Erläuterung des vorhergehenden denuntiabat enthielt und deshalb hinter adesset ausgefallen ist, weil den juristischen Abschreibern die antiquarisch linguistische Bemerkung unerheblich erschien. Er wird schlechterdings durch das folgende nunc vero gefordert, zu welchem ohne ihn jeder Gegensatz fehlen würde. Die Einschaltung erscheint um so unbedenklicher als es nicht wahrscheinlich ist, dafs die Institutionen und Theophilus ihn anderswoher in die aus Gaius 4, 18 entlehnten Worte eingeschaltet haben sollten.

Zweitens las der Verfasser des Lexicons noch das Wort omnem, welches im Veroneser Gaius hinter condictionem ausgefallen sein wird, weil es der Abschreiber aus diesem verschrieben hielt. Theophilus bringt es wenigstens im Anfang des §. 15 an, indem er in personam actiones, quibus dare aut facere oportere intenditur, condictiones (appellantur) durch *πᾶσαι αἱ περσονάλιαι κονδικτίκιοι προσαγορεύονται* wiedergiebt; an der entscheidenden Stelle folgt er freilich ganz den Institutionen. Bei Gaius aber verdeutlicht es den Gedanken so sehr, dafs es kaum zu entbehren ist: „heute, will er sagen, nennen wir nicht nur die (obsolete) Legis-Actio, sondern jede persönliche Actio auf Gebenmüssen, also auch die heute allein noch gebräuchliche (Formula) eine Condiction. Indefs ist dieser erweiterte Sprach-

---

hinaufrückt und die Formulare, die er gewifs nicht selbst erfindet, aus Gaius 4, 17 herunterzuziehen scheint. Huschkes Ergänzung dieser Stelle lautet: observabant enim omnino similem vel aequalem modum capiendi iudicis condicendique quando ad iudicem capiundum venire deberent condictio etiam appellata iam est a lege Pinaria. Dies befriedigt jedoch nach keiner Seite. Gaius wird vielmehr etwa gesagt haben: Per condictionem aeque de his rebus agebatur de quibus ut ita ageretur lege aliqua cautum fuerat. Quae actio talis erat. qui agebat sic dicebat; worauf die Forma folgte. Theophilus aber paraphrasirt dies Alles wie folgt: *πᾶσαι αἱ περσονάλιαι κονδικτίκιοι προσαγορεύονται. καὶ πόθεν εἴρηται κονδικτίκιος ἀναγκαῖον εἰπεῖν.* Condicere *ἐστὶ μετὰ τὴν ἀρχαῖον διάλεκτον τὸ παραγγεῖλαι, πάλαι γὰρ ὁ ἔχων δίκην πρός τινα παρήγγειλεν αὐτῷ, ὅτι ἐλθὲ τῇδε τῇ ἡμέρᾳ ὡς δικασόμενος μετ᾽ ἐμοῦ. σήμερον δὲ καταχρηστικῶς λέγεται κονδικτίκιος ἡ ἀγωγὴ ἣν ὁ ἄκτωρ κινῶν λέγει,* Ei *φαίνεται τόνδε χρῆναι. ἐπεὶ δὲ κατὰ τὸ νῦν κρατοῦν οὐδεμία πρὸς τὸν ἀντίδικον γίνεται παραγγελία, οὐδὲ παραγγέλλει αὐτῷ ὁ ἐνάγων ὅτι δεῖ αὐτὸν ἐλθεῖν τῇδε τῇ ἡμέρᾳ καὶ δικάσασθαι.*

gebrauch ein uneigentlicher, weil eben der gesetzliche Act der Streitverkündigung heute wegfällt." Ohne omnem wäre die Ausdehnung auf die Formeln gar nicht ausgedrückt, da der Jurist nicht wie 4, 33 von formulae, sondern nur in personam actio (1) spricht.

Hiernach würde der §. 18 in den unverkürzten Handschriften des Gaius vollständig also gelautet haben:

> Et haec quidem actio proprie condictio uocabatur. nam actor aduersario denuntiabat, ut ad iudicem capiendum die XXX adesset. condicere enim est denunciare prisce. nunc uero non proprie condictionem omnen dicimus in personam actionem (qua) intendimus dari nobis oportere. nulla enim hoc tempore eo nomine denuntiatio fit.

Dieses Beispiel kann zugleich als Beweis für den nicht allzu hohen Grad von Sorgfalt dienen, den der Schreiber der Veroneser Handschrift oder einer seiner Vorgänger aufgewendet zu haben scheint, und der sich auch sonst bemerklich macht. Denn 4, 131 fordert der juristische Gedanke in integro relinquere; die Bemerkung ea scilicet formula qua incertum petimus, verleitete aber statt dessen in incerto relinquere zu setzen, wie Gaius selbst ohne Zweifel nicht geschrieben hat.

V. Die Erörterung über die Fassung der Intentio lautet bei Gaius 4, 45–47.

> Sed eas quidem formulas, in quibus de iure quaeritur, in ius conceptas uocamus — ceteras uero in factum conceptas uocamus — sed ex quibusdam causis praetor et in ius et in factum conceptas formulas proponit.

Das Pariser Glossar ergiebt dagegen facto conceptas mit der Erläuterung διηγηματικῶς und trägt die Glosse unter *F* ein. Es liegt also kein Schreibfehler, sondern eine vulgäre Abkürzung der Rechtssprache vor, von welcher wenigstens Kenntnifs zu nehmen ist.

VI. Wenn endlich der volljährige Kläger in der Condemnatio der Formel zu wenig gefordert hat so verliert er die Differenz ohne das fehlende

(1) Der in personam actio gedenkt vielleicht auch Donatus zu Terent. Phorm. 1, 2, 77 [Et tibi scribam dicam] a denuntiatione in personam, ne diceret: Non mihi denuntiasti.

mittels einer andern Formel nachfordern zu dürfen, denn wie Gaius 4, 57 hinzusetzt:

nec ex ea parte praetor in integrum restituit

Statt dieses kategorischen Indicativs giebt jedoch dafs Pariser Glossar In integrum restituet εἰς ἀκέραιον ἀποκαταστήσει und dieses unmafsgebliche Futurum pafst nicht nur besser zu dem folgenden facilius enim reis praetor succurit quam actoribus, sondern auch zu dem schwankenden Charakter der prätorischen Prozefsrestitution, ja der Restitution überhaupt.

Die folgenden Beilagen verzeichen diejenigen Wörter, welche theils mit voller Gewifsheit, theils mit gröfserer oder geringerer Wahrscheinlichkeit als solche angesehen werden dürfen, die nur aus Gaius entnommen und vielleicht noch in der Blütezeit der classischen Jurisprudenz von den römischen Grammatikern verwerthet worden sind. Der vollständigen Uebersicht wegen ist eine doppelte Ordnung nöthig geworden: die alphabetische und die Folge des Gaius. In dem gegenwärtigen Augenblick haben Böckings Arbeiten und die competente Würdigung ihrer Verdienste durch Bethmann-Hollweg, nach einem halben Jahrhundert die Blicke von Neuem auf dem Veroneser Gaius gerichtet. Vielleicht dürften daher auch die folgenden einer andern Ueberlieferung entnommenen Bruchstücke gerade jetzt nicht ohne Interesse sein.

Beilage I.

Alphabetisches Verzeichnifs der in den Glossaren erläuterten Wörter des Gaius.

P = Parisiacus codex n. 7651.
L = Laudunensis codex n. 449.

	Gaius.
Absolvit, ἀπολύει P.	Gai. 4, 166. me sponsionis — absolvit.
Acceptum habeo, εὐπρόςδεκτον ἡγοῦμαι, ἀποδέχομαι L.	Gai. 3, 169. HABESNE ACCEPTUM — HABEO (cf. 2, 85.)
Accessio, προςθήκη, L.	Gai. 3, 126 accessio est principalis obligationis.
Addicit, προςκρίνει. P.	Gai. 2, 24 eam rem addicit.
Adoptionem, υἱοθεσίαν. P.	Gai. 1, 61. 135. 2, 147. 195.[b] 3, 41. 83. 84.
Adoptio, τεκνοποιΐα, υἱοθεσία. P.	Gai. 1, 61.
Adquiruntur, προςπορίζονται. P.	Gai. 2, 66. 191. 3, 80. 83.
Adsectatus, ἐπιδιώξας. P.	Gai. 3, 220 adsectatus fuerit.
Adstipulator, προσεπερωτητής. P.	Gai. 3, 112. 117.
Arcaria, τραπεζιτικά. P. cf.	Gai. 3, 131 nominum, quae arcaria vocantur — arcaria nomina nullam facere obligationem.
Argentarius, κομάκτωρ. P.	
Argentarius, ἀργυροκόπος P. Ἀργυροκόπος, argentarius. L. Ἀργυροφύλαξ argentarius. L.	Gai. 4, 64. 66. 68. 126.[a]
Auctoratus, ὁ πρὸς σίδηρον πραθείς, ὅ ἐϛιν ὁ μονομάχος L.	Gai. 3, 199 si — auctoratus meus subreptus fuerit.
Bonorum emptor, ὑπαρχόντων ἀγοραστής, L.	Gai. 4, 35 bonorum emptor ficto se herede agit. 66. si — pecuniam petat bonorum emptor.
Calata comitia, ἀρχιερέσια, δὶς τοῦ ἔτους γενόμενα. P.	Gai. 2, 101 calatis comitiis — quae comitia bis in anno testamentis faciendis destinata erant.

Cernere, ὁρίζειν. P.	Gai. 2, 164 Cernere est quasi decernere et constituere. 2, 187 cernere hereditatem.
Cernitoque, καὶ ἐχειρήσατο. (ἐχειρησάτω Vulcan. ἐγχειρησάτω. Müll. ad Festum p. 53.) P.	Gai. 2, 165. 174.
Certum, ὡρισμένον. L.	Gai. 3, 140 pretium autem certum esse debet.
Chirographum, δάνειον. L.	Gai. 3, 134 chirografis et syngrafis, id est si quis debere se, aut daturum scribat.
Clam, λάθρα. P. λάθρα, clam. L. λεληθότως, clam L.	Gai. 4, 166[a] nec vi, nec clam, nee precario.
Coheres, συγκληρονόμος. P.	Gai. 2, 243 an coheres ei adiciatur.
Comitia, ἀρχιαιρέσια. P.	Gai. 2, 101 quae comitia.
Conpensatio, συνςαθμία, ἀνθυπολογισμὸς, ἀντελλογισμός. P. ἀντέλλογος, compensacio L.	Gai. 4, 63. 64. 66. 68.
Concepit, συνέλαβεν. P. συνέλαβεν, ἐπὶ γυναικός, concepit. L.	Gai. 1, 64 quos mater vulgo concepit.
Conceptum, ὑποδεχθέν. P.	Gai. 3, 183 (furtum) conceptum et oblatum.
Condemnat, καταδικάζει P.	Gai. 4, 48 pecuniam eum condemnat 4, 166.[a]
Condemnatio, καταδίκη. P. κατάκρισις, condemnacio L. καταδίκη, condemnacio L.	Gai. 4, 39. 13. 44. 49.
Condici, εἰς πρόςωπον ἀγωνίζεσθαι. P.	Gai. 2, 79 condici tamen furibus 3, 91. ei condici potest Si paret eum dare oportere.
Condicit, συντάσσεται, P. Condicit, συγκόπτει, συντρίβει. ὑποτάσσει. P. Condico, συντάσσομαι μετὰ παραγγελίας. P.	Gai. 4, 17 ?
Condictio, συνταγὴ μετὰ παραγγελίας. P. Παραγγελία, denunciatio, condictio, interdictum. Condicere est denunciare, prisce, nunc vero condictionem omnem in personam actionem [mentionem] dicimus. L.	Gai. 4, 5. appellamus — in personam — actiones — condictiones. 18. condictionem dicimus in personam actionem. 4, 18. Et haec quidem actio proprie condictio uocabatur: nam actor aduersario denuntiabat *rel.* nunc vero

	non proprie condictionem dicimus in personam actionem, qua intendimus *rel.*
Cognitor, ἔκδικος, γνώςης. P. γνώςης, cognitor. L.	Gai. 2, 39 cognitor aut procurator. 4, 83. absens cognitor detur — cognitor ita erit. 97. cognitor — domini loco habetur.
Collactaneus, ὁμογάλακτος. L.	Gai. 1, 39 paedagogum aut conlactaneum.
Consanguinitas, ὁμαιμότης P.	Gai. 3, 24 consanguinitatis iura.
Constituta(*e*), ὁρισθείσης. P.	Gai. 4, 171 constitutae pecuniae.
Contestatae, μαρτυρήσασαι. P.	Gai 3, 83. (?)
Consensu, συγκαταθέσει. P.	Gai. 3, 82. 89. 119. 135. 136. 154.
Consutum, συνρεραμμένον.	Gai. 3, 193 consuti genus.
Cum res agitatur, ὅτε (ἡ) ἀγόραιός ἐστίν. P.	Gai. 2, 279 de legatis (ius dicitur) cum res aguntur.
Decem milia, μυρία. L.	Gai. 2, 235. 238. 4, 21. 34. 41. 43. 46. 50, 53. 64.
Decernere, ἐπικρίνειν, ὁρίσαι. P.	Gai. 2, 164. cernere est quasi decernere et constituere.
Dialis, ὁ τοῦ διὸς ἱερεύς. P.	Gai. 3, 114 Flamen Dialis.
Dediticii, οἱ μετὰ τὸ ληφθῆναι τῇ τῶν νικησάντων πολεμίων ἐξουσίᾳ ἑαυτοὺς ἐπιτρέψαντες. P.	Gai. 1, 14 qui quondam adversus populum Romanum armis susceptis pugnaverunt, deinde, ut victi sunt, se dediderunt.
Deducantur, διαχθῶσιν. P.	Gai. 1, 188 in quot genera hae species deducantur. 3, 182 in quatuor genera deducantur.
Deiecit, κατέβαλεν. P.	Gai. 4, 154 is qui deiecit.
Demonstracio, ἀπόδειξις. P.	Gai. 4, 39. 40.
Demonstratione, δηλώσει. P.	Gai. 4, 58 falsa demonstratione rem non perimi.
Depensi, ὑπερεκτίσεως. P.	Gai. 3, 127. 4, 9. 25. 102. 186.
Deprehenditur, πιάζεται. P.	Gai. 3, 184 furtum — quod dum fit deprehenditur. — quod eo loco deprehenditur, ubi fit.
Depretiati, ἐλαττωθέντες. P.	Gai. 3, 212 qui supersunt depretiati sunt.
Dicis causa, νόμου χάριν, λόγου χάριν. P.	Gai. 2, 252 nummo uno — hereditatem dicis causa venire.

Dicis gratia, *νόμου χάριν, ως παρὰ Γαΐῳ τῷ νομικῷ.* P.	Gai. 1, 141 dicis gratia (detinentur homines) uno momento in iure mancipii. 1, 190 dicis gratia tutor interponit auctoritatem suam. 2, 103 dicis gratia, propter veteris iuris imitationem familiae emptor adhibetur. 2, 104 mancipat alicui dicis gratia familiam suam.
Dumtaxat, *μόνον, καὶ μέχρι τούτου. δηλαδή.* P. *Τέως*, duntaxat, interim L. *μόνον.* solum, tantum, tantummodo, duntaxat. L.	Gai. 4, 43 DVMTAXAT X MILIA CONDEMNA. — ut non adiciatur DVNTAXAT X MILIA.
Duplicatio, *δίπλωσις. διπλασιασμός.* P.	Gai. 4, 127.
Emancipatus, *χεράφετος* P. *ἐλεύθερος τῆς ὑπεξουσιότητος*, emancipatus L.	Gai. 2, 245, *passim.*
Erciscundae, *διαιρέσεως* P.	Gai. 2, 219 iudicio familiae erciscundae quod inter heredes de hereditate accipi solet 4, 42 si inter coheredes familiae erciscundae agatur.
Exceptio, *ἐξαίρεσις, παραγραφὴ.* P. *παραγραφὴ*, excepcio L.	Gai. 4, 117 *passim.*
Exceptis, *ὑπεξηρημένων.* P.	Gai. 1, 115., 145. 2, 17. 225. 3, 83.
Ex diverso, *ἐκ τοῦ ἐναντίου.* P.	Gai. 1, 39 (133). 2, 64. 245. 3, 126. 201. 4, 109.
Facto conceptas, *διηγηματικῶς.* P.	Gai. 4, 46. 47 in factum conceptas.
Falsidicus, *ψευδολόγος* P. *πλαϛολόγος.* L.	Gai. 4, 13 eaque actio perinde periculosa erat falsi*dicis* . . . .
Festuca, *κάρφος, ῥάβδος.* P. *Κάρφος*, festuca, surculus L.	Gai. 4, 16 festuca autem utebantur quasi hastae loco.
Fictione, *πλάσει.* P.	Gai 3, 56 ea fictione.
Fidei committo, *τῇ πίϛει ἐγχειρίζω.* L.	Gai. 2, 249 FIDEICMMITTO.
Fideipromissor, *πιϛικελεύϛης* P.	Gai. 3, 116 fidepromissor (interrogatur) IDEM FIDEPROMITTIS? fideiussor ita: IDEM FIDE TVA ESSE IVBES?
Fideiprommissores, *πιϛιεπαγγελλέται* P.	Gai. 3, 121 fidepromissores biennio liberantur.
Fiducia, *πεποίθησις, ὑποθήκη, ἐνέχυρον.* P.	Gai. 2, 60 fiducia contrahitur aut cum creditore pignoris iure, aut cum amico, quod tutius nostrae res aput eum essent: si quidem cum amico contracta sit fiducia —

Flamen ἱερομνήμων, πρύτανις. P.	Gai. 3, 114 flamen Dialis.
Formula, τύπος, ὑπόδειγμα. P.	Gai. IV, *passim.*
Fullo, γναφ ύς P. Γναφεύς, fullo L. κναφεύς, fullo L.	Gai. 3, 205 si fullo. polienda — vestimenta — acceperit. 206 (fullo) mercedem capiendo custodiam praestat.
Furti, κλοπῆς. P.	Gai. 3, 202 *seqq.*
Gentium, ἐθνῶν P.	Gai. 1, 1. 52. 82. 83. 84. 85. 86. 3, 93. 132.
Inauguratus, ἀποιωνισθείς. P.	Gai. 3, 114 quod ipse flamen Dialis inauguratus est.
In integrum restituet, εἰς ἀκέραιον ἀποκαταϛήσει. P.	Gai. 4, 57 Praetor in integrum restituit.
In iure cedere, ἐν δικαϛηρίῳ παραχωρεῖν P.	Gai. 2, 204 mancipio dare aut in iure cedere.
Inpensas, ἀναλώματα. P.	Gai. 2, 76 inpensas in aedificium.
In praesentia, ἐπὶ τοῦ παρόντος L.	Gai. 1, 121 nisi in praesentia sint.
Inquilinus, ἔνοικος. P.	Gai. 4, 153 qualis est colonus et inquilinus.
Institor, ἐργαϛηριάρχης. P.	Gai. 4, 71 qui tabernae praeponitur institor appellatur.
Intentio, ἔνϛασις. P. Επίτασις, intencio. L.	Gai. 4, 41. 39.
Intentione, σκοπῶ, προθέσει.	Gai. 4, 53 intentione *plus* conplexus.
Intendimus, φιλονεικοῦμεν. P.	Gai. 4, 45 quibus intendimus nostrum esse aliquid.
Intendit, ἐπιτείνει, τέφει, κοσμεῖ.	Gai. 4, 86 intendit, Publii Maevii rem esse ex iure Quiritium.
Intenditur, ἐπείγεται. P.	Gai. 4, 87 intenditur, dominum dare oportere — intenditur rem actoris esse.
Interdicitur, παραγγέλλεται. P.	Gai. 4, 150 de fundo vel aedibus interdicitur.
Interdictum παραγγελία, ἀντικρουσμός, ἀπηγορευμένος διαϛολὴ, ἢ παῦσις. P.	Gai. 4, 150. 162. 166. 1.
Interponit, ἀντιτίθησιν P.	Gai. 1, 190 interponit auctoritatem suam.
In tutela, ἐν τῇ προϛασίᾳ P.	Gai. 1, 142. 143. 144. 145. 190. 193.
Iudicatum, ἐπίκρισις P.	Gai. 3, 180 iudicatum facere.
Iudicatus, καταδικασθείς P.	Gai. 3, 199 iudicatus vel auctoratus meus.
Iudicia, κριτήρια, δικαστηρια P.	Gai. 3, 181 quae autem legitima sint iudicia. 4, 104 Legitima sunt iudicia.

Iudicium, κρῖμα, κριτήριον, δικαστήριον. P.	Gai. 4, 109 *passim.*
Ius civile, δίκαιον πολιτικόν. P. νόμιμον πολιτικόν, ius civile L.	Gai. 1, 1 vocaturque ius civile.
Ius iurandum, ὅρκος, ὁρκομοσία. P.	Gai. 3, 83 per ius iurandum contracta. 4, 172. 179. ius iurandum de calumnia exactum.
Lanx, πλάστιγξ, P.	Gai. 3, 193
Latorem, εἰσηγητήν. P.	Gai. 3, 75. 76 legis latorem.
Libralis, λιτριαῖος. L.	Gai. 1, 122 asses librales.
Libripens, ζυγοστάτης. P. ζυγοστάτης, libripens. L.	Gai. 3, 174. 1, 113. 2, 104.
Licitatio, διακήρυξις καί ὑπερθεματισμός P. ὑπερθεματισμός, licitatio. L. πληστηριασμὸς, licitacio L. διακήρυξις, licitatio L.	Gai. 4, 166 contentio fructus licitationis. 166[a] fructus licitatione. 167 fructus licitationis.
Linteum, λινοῦν. L.	Gai. 3, 193 quid sit autem linteum quaesitum est.
Lites contestatae, αἱ ἀρχὴν λαβοῦσαι ἐν δικαστηρίῳ δίκαι ἐξ ἀντικαθιστώτων. P.	Gai. 3, 83 et *lites contestatae* legitimo iudicio. (180 litem contestatam. 181 litis contestatione.)
Litigatoribus, τοῖς δικαζομένοις. P.	Gai. 4, 42, rem alicui ex litigatoribus adiudicare. 4, 148 uter ex litigato ribus.
Litigiosum, ἐπίδικον. P.	Gai. 4, 117 fundum litigiosum.
Locationibus, μισθώσεσιν. P.	Gai. 3, 135 in locationibus et conductionibus.
Mancipat, καταγράφει, ῥέει P.	Gai. 2, 104 mancipat alicui dicis gratia familiam suam.
Manifestum, φανερόν. P.	Gai. 3, 183. 184. 192. 94.
Manumittit, ἐλευθεροῖ. P.	Gai. 132 is eum vindicta manumittit.
Materfamilias, οἰκοδέσποινα. P.	Gai. 3, 220 si quis matrem familias adsectatus fuerit.
Necessarius, οἰκεῖος, ἀναγκαῖος. P.	Gai. 2, 153 necessarius heres est servus quia sive velit, sive nolit, omnimodo heres est.
Nec manifestum, ἀφάνερον L.	Gai. 3, 183. 185.
Novatio, καινισμός. P.	Gai. 2, 38. 3, 177.
Nuncupatio, ἀναγόρευσις, χειροτονία. ὁρκίων σύγχυσις, ὀνομασία. P. διαθήκη ἄγραφος, nuncupatio. L.	Gai. 2, 104 et hoc dicitur nuncupatio.
Oblatum, προσενεχθέν. P.	Gai. 3, 187 Oblatum furtum.

Obligatam, ὑποτεθεῖσαν. P.	Gai. 2, 61 si rem obligatam sibi populus vendiderit.
Omiserit, ἐάσειεν.	Gai. 3, 12 si — hereditatem omiserit.
Paret, φαίνεται. P.	Gai. 3, 91. 4, 41. *passim.*
Pecunia constituta, ἀντιφώνησις L. ἀντιφωνῶ, constituo L.	Gai. 4, 171 pecunia constituta.
Pecuniaria, χρηματική. P. χρηματική, pecunaria, nummaria, civilis causa L.	Gai. 4, 111 cum pro capitali poena pecuniaria constituta sit.
Peremptorius, διηνεκής. P.	Gai. 4, 121. 125 peremtoriae (exceptiones).
Per universitatem, καθ' ὁμάδα L.	Gai. 2, 97. 191 per universitatem res nobis adquirantur (adquiruntur.)
Peto, δέομαι, αἰτοῦμαι, ἀξιῶ. P.	Gai. 2, 249 PETO, ROGO, VOLO.
Pollicetur, ἐπαγγέλλεται, ὑπισχνεῖται P.	Gai. 2, 119 bonorum *possesionem* pollicetur.
(Pro) Portione, ἐκ μέρους. P.	Gai. 2, 155 pro portione.
Possidet, ἐπικρατεῖ, νέμεται, κέκτηται, διακρατεῖ.	Gai. 2, 93 quia non possidet. 4, 144 sciens — possidet.
Praeceptio, ἐξαιρέτου δόσις P.	Gai. 2, 192. 216. 19—222 per praeceptionem.
Praecipit, παραινεῖ, τάσσει. P.	Gai. 4, 140 cum praecipit.
Praedia, ἔγγαια κτήματα.	Gai. 1, 121. 2, 31. 63. 3, 145.
Praediator, ὠνητὴς ὑπαρχόντων, ὑπὲρ φόρου δήμου ἐνδεδεμένος. P.	Gai. 2, 61 qui mercatur a populo praediator appellatur.
Praeiudicium, πρόκριμα. P. Πρόκριμα praeiudicium, praerogativa L.	Gai. 3, 123, praeiudicium postulare. 4, 133 si in ea re praeiudicium hereditati non fiat.
Praescriptio, παραγραφή. P.	Gai. 4, 136. 132 *passim.*
Precario, κατὰ ἀξίωσιν καὶ συγχώρησιν, κατὰ δέησιν P. κατὰ παράκλησιν L.	Gai. 2, 60 neque precario rogaverit. Gai. 4, 166[a] nec vi nec clam nec precario.
Procinctum, ὅταν εἰς πόλεμον συγκαλέσωνται. P.	Gai. 2, 101 in procinctu, id est cum belli causa ad pugnam ibant.
Procurator, φροντιστής P. φροντιστής, curator, procurator. L. ἐντολεύς, procurator L. ἐπίτροπος, procurator, tutor. L.	Gai. 2, 39. 4, 55. 84. 98. 101.
Prohibitae, κεκωλυμέναι. P.	Gai. 1, 61. prohibitae sunt nuptiae.
Prohibiti, κωλυθέντες. P.	Gai. 2, 286.[a] capere prohibiti sunt.
Prohibitorium, κωλυτικόν, L.	Gai. 4, 140. 141. 142. 158. 159.

Pro-portione, κατὰ τὸ ἀνάλογον, καὶ κατὰ τὸ ἐπιβάλλον P. κατὰ ἀναλογίαν, pro porcione L.	Gai. 2, 155 quamvis pro portione bona venierint.
Proximus pubertati, πρόσηβος, L.	Gai. 3, 208 si proximus pubertati sit —
Publicano, τῷ τελώνῃ. P.	Gai. 4, 32 forma, quae publicano proponitur —
Remancipo, ἀποκαθιστῶ. P. ἀντιπαραδίδωμι, remancipo L. ἀποκαθιστῶ, remancipo, resarcio. L.	Gai. 1, 115. remancipata ei 134. remancipatur patri, 172. ut sibi remanciparetur, remancipatamque manumisit, 175. remancipatam filiam.
Replicatio, ἀντιπαραγραφή. L.	Gai. 4, 126 quae adiectio replicatio vocatur. 127. replicatio — iusta.
Restipulacio, ἀντεπερώτησις, L. ἀνθορισμός, restipulacio L.	Gai. 4, 165. 166.[a] 167. 168. 180. 181. restipulationis.
Restipulationem, ἀνθορισμόν. P.	Gai. 4, 13 propter — restipulationem.
Restipulat ἀνθορίζει P.	Gai. 4, 94 *non restipulatur.* 4, 165 restipulatur.
Revertitur, ὑποστρέφει.	Gai. 1, 132 revertitur in potestatem patris.
Sacratissimus, ἱερώτατος. L. θειότατος L.	Gai. 1, 52 ex constitutione s*[acratissimi]* imperatoris Antonini.
Sarcinator, σκευοφόρος, ῥάπτης. L.	Gai. 3, 143. 162. 205 fullo aut sarcinator.
Sector, βιώνης — ὁ ἀπόδημος ἢ ὁ ἀγοράζων οὐσίαν. P.	Gai. 4, 146 sectores uocantur qui publice bona mercantur.
Sine periculo, ἀκίνδυνος, L.	Gai. 4, 162 sine periculo.
Sponsio, συνθήκη. P. ὁμολογία ἡ ἀπὸ ἐρωτήσεως, sponsio, stipulacio, L. ὅρος ἐν δίκῃ πράγματος, diffinicio, sponsio, terminacio, lex. L. ὁρισμός, sponsio, definicio L.	Gai. 4, 1. 91. 94. 95.
Sponsor, ὁμολογητής. P. ἐγγυητής, fideiussor, sponsor L. βεβαιωτὴς, ἐγγυητής, fideiussor, sponsor L.	Gai. 3, 124 sponsor vel fidepromissor.
Sponsores, ἐπαγγελλόμενοι.. P.	Gai. 3, 127 sponsores — habent actionem in duplum, quae appellatur depensi.
Stipulationes, ἐπερωτήσεις. P.	Gai. 2, 254. partis et pro parte stipulationes 257. emptae et venditae hereditatis stipulationes.
Taxatio ποσότης. P.	Gai. 4, 51 si taxatio posita sit.
Taxamus, ὁρίζομεν. P.	Gai. 3, 224 taxamus formulam.

Testimonium perhibeo, *μαρτυρῶ*, testimonium perhibeo. L.	Gai. 2, 104 TESTIMOMIVM MIHI PERHIBETOTE.
Testor, *μαρτύρομαι*, testor. L.	Gai, 2, 104 ITA TESTOR,
Transcriptitiis *μεταγραπτέοις* L.	Gai. 3, 128 veluti no[*mini*]bus transcripticiis. 133. tr*an*scripticiis.
Tutela, *παράσημον. προστασία, ἐπιτροπή, ἀσφάλεια* P. *ἐπιτροπὴ ὀρφανοῦ.*	Gai. 1, 14, 3, 4. 5.
Tutor, *ἐπίτροπος ὀρφανοῦ.* P.	Gai. 1, 148 *sqq.*
Vadimonium, *ἐγγύη, ἱκανοδοσία.* P. *Ἐγγύη.* Vadimonium, fideiussio. L.	Gai. 4, 184. 185. 186. 187. 3, 224.
Vindex, *ἔκδικος* P. *Καρπιστής*, vindex L.	Gai. 4, 21, 25. 46.
Vindicatio, *ἐκδικία* P. *ἐκδίκησις*, vindicatio L.	Gai 4, 5.
Vindiciae, *καρπισταί.* hae vindiciae singulare non habet. L.	Gai. 1, 17. 38. 132. 138.
Volo, *βούλομαι, θέλω.* P. *θέλω*, volo L.	Gai. 2, 249 VOLO, FIDEICOMMITTO.
Ususfructus, *νομή, χρῆσις. καρπία.* P. *ἐπικαρπία*, ususfructus L. *καρπίας χρῆσις*, ususfructus. L.	Gai. 2, 30 *sqq.* 3, 83 *passim.*
Utrubi *παραπότερον* P. *ὁποτέρωθι*, utrubi L.	Gai. 4, 148. 149. 151. 160.

Beilage II.

Verzeichnifs der in den Glossaren erklärten Gaius-Wörter nach der Ordnung des Gaius.

Gai. I, 1. Vocaturque ius civile.	ius civile, *δίκαιον πολιτικόν.* P. *νόμιμον πολιτικόν* ius civile, L.
Gai. I, 1 ius gentium (cf. 1, 52. 82. 83. 84. 85. 86. 3. 93. 132.	Gentium, *ἐθνῶν* P.
Gai. I, 14 vocantur — *deditic*ii hi, qui quondam adversus populum Romanum armis susceptis pugnaverunt, deinde, ut victi sunt se dediderunt.	Dediticii, *οἱ μετὰ τὸ ληφθῆναι τῇ τῶν νικησάντων πολεμίων ἐξουσίᾳ ἑαυτοὺς ἐπιτρέψαντες*, P.

Gai. I, 17 vindicta.	ἐλευθερία ἐπὶ ἄρχοντος δοθεῖσα, vindicta L. καρπισμός, vindicta. L.
Gai. I, 38 vindicta,	ἐλευθερία ἐπὶ ἄρχοντος δοθεῖσα, vindicta L, καρπισμός, vindicta L.
Gai. I, 39 paedagogum aut conlactaneum.	ὁμογαλάκτοος, collactaneus L.
Gai. I, 39. 133 ex diverso.	Ex diverso, ἐκ τοῦ ἐναντίου P.
Gai. I, 52 iuris gentium.	Gentium, ἐθνῶν P.
Gai. I, 53 s*[acratissimi]* imperatoris.	ἱερώτατος, θειότατος, sacratissimus. L.
Gai. I, 61 prohibitae sunt nuptiae.	Prohibitae, κεκωλυμέναι P.
Gai. I, 61 per adoptionem.	{Adoptionem, υἱοθεσίαν P. {Adoptio, τεκνοποιΐα, υἱοθεσία P.
Gai. I, 64 quos mater vulgo concepit.	Concepit, συνέλαβεν P. συνέλαβεν, ἐπὶ γυναικός L.
Gai. I, 82. 83. 84. 85. 86. gentium.	Gentium, ἐθνῶν P.
Gai. I, 113 adhibitis — testibus et libripende.	Libripens, ζυγοστάτης P. ζυγοστάτης, libripens L.
Gai. I, 115 remancipata ei.	Remancipo, ἀποκαθιστῶ P. ἀντιπαραδίδωμι, remancipo L. ἀποκαθιστῶ, remancipo, resarcio L.
Gai. I, 115.[a] 145. II, 17. 225. III, 83 exceptis.	Exceptis, ὑπεξῃρημένων P.
Gai. I, 121 nisi in praesentia sint.	ἐπὶ τοῦ παρόντος in praesens, in praesentia, ex praesenti L.
Gai. I, 121 praedia.	Praedia, ἔγγαια, κτήματα P.
Gai. I, 122 asses librales.	λιτριαῖος, libralis L.
Gai. I, 132 is eum vindicta manumittit.	Manumittit, ἐλευθεροῖ. P.
Gai. I, 132 revertitur in potestatem patris.	Revertitur, ὑποστρέφει. P.
Gai. I, 134 (*bis*) remancipatur patri.	Remancipo, ἀποκαθιστῶ P. ἀντιπαραδίδωμι, remancipo L. ἀποκαθιστῶ, remancipo, resarcio.
Gai. I, 135 adoptionem.	{Adoptionem, υἱοθεσίαν P. {Adoptio, τεκνοποιΐα, υἱοθεσία P.
Gai. I, 138 vindicta.	ἐλευθερία ἐπὶ ἄρχοντος δοθεῖσα, vindicta L. καρπισμός, vindicta L.
Gai. I, 141 dicis gratia (detinentur homines uno momento in iure mancipii.)	Dicis gratia, νόμου χάριν, ὡς παρὰ Γαΐῳ τῷ νομικῷ. P.
Gai. I, 142. 143. 144. 145. 190. 193 in tutela.	In tutela, ἐν τῇ προστασίᾳ. P.

Gai. I, 143 *sqq.* in tutela.	Tutela, παράσημον, προστασία, ἐπιτροπή P. ἐπιτροπὴ ὀρφανοῦ. L.
Gai. I, 148 *sqq.* tutor (is, em).	Tutor, ἐπίτροπος ὀρφανοῦ P.
Gai. I, 172 dedit, ut sibi remanciparetur, remancipatamque manumisit.	Remancipo, ἀποκαθιστῶ, P. ἀντιπαραδίδωμι L. remancipo, ἀποκαθιστῶ, remancipo resarcio L.
Gai. I, 175 remancipatam filiam,	Remancipo, ἀποκαθιστῶ P. ἀντιπαραδίδωμι, remancipo L. ἀποκαθιστῶ, remancipo, sarcio L.
Gai. I, 188 In quot genera hae species deducantur.	Deducantur, διαχθῶσιν P.
Gai. I, 190 dicis gratia tutor interponit auctoritatem suam.	Dicis gratia, νόμου χάριν, ὡς παρὰ Γαΐῳ τῷ νομικῷ. P. Interponit, ἀντιτίθησιν. P.
Gai. I, 195.*b* in adoptionem.	Adoptionem, υἱοθεσίαν P. Adoptio, τεκνοποιΐα, υἱοθεσία P.
Gai. II, 29 eam rem addicit.	Addicit, προςκρίνει P.
Gai. II, (14) 30 *sqq.* ususfructus.	Ususfructus, νομή, χρῆσις, καρπία. P. ἐπικαρπία, L. ususfructus, καρπίας χρῆσις, ususfructus L.
Gai. II, 31 praedia.	Praedia, ἔγγαια, κτήματα P.
Gai. II, 38 novatio.	Novatio, καινισμός P. καινισμός, novacio, L.
Gai. II, 39 procurator.	Procurator, φροντιστής P. φροντιστής, procurator L. ἐντολεύς, procurator L.
Gai. II, 39 Cognitor aut procurator.	Cognitor, ἔκδικος, γνώστης P. γνώστης, cognitor L.
Gai. II, 60 fiducia contrahitur aut cum creditore pignoris iure, aut cum amico quod tutius nostrae res aput eum essent, si quidem cum amico contracta sit fiducia.	Fiducia, πεποίθησις, ὑποθήκη, ἐνέχυρον P. ὑποθήκη, ypotheca, obligatus, obligatio, fiducia L.
Gai. II, 60 neque precario rogaverit.	Precario, κατὰ ἀξίωσιν καὶ συγχώρησιν, κατα δέησιν P.
Gai. II, 61 qui mercatur a populo, praediator appellatur.	Praediator, ὠνητὴς ὑπαρχόντων. ὑπὲρ φόρου δήμου ἐκδεδεμένος. P.
Gai. II, 61 si rem obligatam sibi populus vendiderit.	Obligatam, ὑποθεῖσαν. P.
Gai. II, 63. praedia.	Praedia, ἔγγαια, κτήματα P.
Gai. II, 64 ex diverso.	Ex diverso, ἐκ τοῦ ἐναντίου P.
Gai. II, 66 adquiruntur.	Adquiruntur, προςπορίζονται P.

Gai. II, 71 praedium, praedio.	Praedia, ἔγγαια, κτήματα P.
Gai. II, 76 impensas in aedificium.	Inpensas, ἀναλώματα P.
Gai. II, 79 condici tamen furibus., III, 91.	Condici, εἰς πρόςωπον ἀγωνίζεσθαι.
Gai. II, 93 quia non possidet.	Possidet, ἐπικρατεῖ, νέμεται, κέκτηται, διακρατεῖ P.
Gai. II, 97, 191. per universitatem.	καθ' ὁμάδα, per universitatem L.
Gai. II, 101 calatis comitiis, quae comitia bis in anno testamentis faciendis destinata erant.	Calata comitia, δὶς τοῦ ἔτους γενόμενα P. Comitia ἀρχιαιρέσια. P.
Gai. II, 101. in procinctu, id est, cum belli causa in pugnam ibant.	Procinctum, ὅταν εἰς πόλεμον συγκαλέσωνται P.
Gai. II, 103 dicis gratia, propter veteris iuris imitationem familiae emptor adhibetur.	Dicis gratia, νόμου χάριν, ὡς παρὰ Γαΐῳ τῷ νομικῷ P.
Gai. II, 104 mancipat alicui dicis gratia familiam suam.	Mancipat, καταγράφει, ῥέει. P.
Gai. II, 104 — mancipat alicui dicis gratia familiam suam.	Dicis gratia, νόμου χάριν ὡς παρὰ Γαΐῳ τῷ νομικῷ.
Gai. II, 104 ITA TESTOR.	μαρτύρομαι, testor L.
Gai. II, 104 TESTIMONIUM MIHI PERHIBETOTE.	μαρτυρῶ, testimonium perhibeo. L.
Gai. II, 104 nuncupatio.	ἀναγόρευσις, χειροτονία, ὁρκίων σύγχυσις, ὀνομασία. P. διαθήκη ἄγραφος, nuncupatio. L.
Gai II, 119 bonorum possessionem pollicetur.	Pollicetur, ἐπαγγέλλεται, ὑπισχνεῖται. P.
Gai II, 123 interceptus.	interceptus ἀποθανών. P.
Gai. II, 147 in adoptionem.	{Adoptionem, υἱοθεσίαν P. Adoptio, τεκνοποιΐα P.
Gai. II, 153 necessarius heres est servus	Necessarius, οἰκεῖος, ἀναγκαῖος. P.
Gai. II, 155 pro portione bona venierint.	portione, ἐκ μέρους P. Pro portione, κατὰ τὸ ἀνάλογον, καὶ κατὰ τὸ ἐπιβάλλον. P. κατὰ ἀναλογίαν pro porcione L.
Gai. II, 164 Cernere est quasi decernere et constituere.	Cernere, ὁρίζειν P.
Gai. II, 164 cernere est quasi decernere et constituere.	Decernere, ἐπικρίνειν, ὁρίσαι P.
Gai. II, 165 cernitoque.	Cernitoque, καὶ ἐχειρήσατο (ἐχειρησάτω Vulcan. ἐγχειρησάτω Müll. ad Festum p. 53.) P.

Gai. II, 174 Cernitoque.	Cernitoque, καὶ ἐχειρήσατο (ἐχειρησάτω Vulcan. ἐγχειρησάτω Müll. ad Festum p. 53.) P.
Gai. II, 187 Cernere hereditatem.	Cernere, ὁρίζειν P.
Gai. II, 191 adquiruntur.	Adquiruntur, προςπορίζονται P.
Gai. II, 192. 216. 219—222 per praeceptionem.	Praeceptio, ἐξαιρέτου δόσις P.
Gai. II, 204 mancipio dare aut in iure cedere.	In iure cedere, ἐν δικαστηρίῳ παραχωρεῖν. P.
Gai. II, 219 iudicio familiae erciscundae quod inter heredes de hereditate erciscunda — accipi solet.	Erciscundae, διαιρέσεως P.
Gai. II, 235. 238 X MILIA.	μύρια, decem milia. L.
Gai. II, 243 an coheres ei adiiciatur.	Coheres, συγκληρονόμος, P.
Gai. II, 245 ex diverso.	Ex diverso, ἐκ τοῦ ἐναντίου P.
Gai. II, 245 emancipatus.	Emancipatus, χεράφετος P. ἐλεύθερος τῆς ὑπεξουσιότητος, emancipatus. L.
Gai. II, 249 PETO, ROGO, VOLO, FIDEICOMMITTO.	Peto, δέομαι, αἰτοῦμαι, ἀξιῶ. P.
Gai. II, 249 VOLO, FIDEICOMMITTO.	Volo, βούλομαι, θέλω P. θέλω, volo L.
Gai. II, 252 nummo uno — hereditatem dicis causa venire.	Dicis causa, νόμου χάριν, λόγου χάριν P.
Gai. II, 254 quae solent stipulationes inter heredem et partiarium legatarium interponi.	Stipulationes, ἐπερωτήσεις P.
Gai. II, 257 partis et pro parte stipulationes — emptae et venditae heridatis stipulationes.	Stipulationes, ἐπερωτήσεις P.
Gai. II, 279 de legatis — (ius dicitur) cum res aguntur.	Cum res agitatur ὅτε (ἡ) ἀγόραιός ἐστιν. P.
Gai. II, 286^{a} capere — prohibiti sunt.	Prohibiti, κωλυθέντες P.
Gai. III, 12 omiserit.	Omiserit, ἐάσειεν P.
Gai. III, 24 Consanguinitatis iura.	Consanguinitas, ὁμαιμότης P.
Gai. III, 41 in adoptionem.	{ Adoptionem, υἱοθεσίαν P. Adoptio, τεκνοποιΐα, υἱοθεσία P.
Gai. III, 56 ea fictione.	Fictione, πλάσει P.
Gai. III, 75. 76 legis latorem.	Latorem, εἰσηγητήν P.
Gai. III, 80 adquiruntur.	Adquiruntur, προςπορίζονται P.
Gai. III, 82. 89. 119. 135. 136. 154 consensu.	Consensu, συγκαταθέσει P.
Gai. III, 83 in adoptionem.	Adoptionem, υἱοθεσίαν. P.

Gai. III, 83 adquiruntur.	Adquiruntur, προςπορίζονται P.
Gai. III, ususfructus.	Ususfructus, νομή, χρῆσις, καρπία. P.
Gai. III, 83 per iusiurandum contracta.	Iusiurandum, ὅρκος, ὁρκομοσία P.
Gai. III, 83 *lites contestatae* legitimo iudicio.	Lites contestatae, αἱ ἀρχὴν λαβοῦσαι ἐν δικαστηρίῳ δίκαι ἐξ ἀντικαθιστώτων P.
Gai. III, 89 consensu.	Consensu, συγκαταθέσει. P.
Gai. III, 91. IV, 41 si paret. —	Paret, φαίνεται P.
Gai. III, 91 ei condici potest, si paret eum dare oportere.	Condici, εἰς πρόςωπον ἀγωνίζεσθαι P.
Gai. III, 112 adstipulator.	Adstipulator, προςεπερωτητής P.
Gai. III, 114 quod ipse flamen Dialis inauguratus est.	ὁ τοῦ Διός ἱερεύς. P. Inauguratus, ἀποιωνισθείς P. Flamen, ἱερομνήμων, πρύτανις. Dialis, P.
Gai. III, 116 fidepromissor (interrogatur) IDEM FIDEPROMITTIS? fideiussor ita: IDEM FIDE.TVA.ESSE IVBES?	Fideiprommissor, πιστικελευτής P.
Gai. III, 117 adstipulatorem.	Adstipulator, προςεπερωτητής P.
Gai III, 121 ut — fideprommissores teneantur.	Fideipromissores, ἐπιαγγελλέται P.
Gai. III, 123 praeiudicium postulare.	Praeiudicium, πρόκριμα P. πρόκριμα, praeiudicium, praerogativa. L.
Gai. III, 124 sponsor vel fidepromissor.	Sponsor ὁμολογητής P. ἐγγυητής fideiussor, sponsor. L. βεβαιωτής, ἐγγυητής fideiussor, sponsor. L.
Gai. III, 126 ex diverso.	Ex diverso, ἐκ τοῦ ἐναντίου P.
Gai. III, 126 accessio est principalis obligationis.	προςθήκη, accessio L.
Gai. III, 127 sponsores — habent actionem in duplum, quae appellatur depensi.	Sponsores, ἐπαγγελλόμενοι. P.
Gai. III, 127. IV, 9. 25. 102. 186 depensi.	Depensi, ὑπερεκτίσεως. P.
Gai. III, 128. (133) no*mini*bus transscriptiis.	μεταγραέπτοις, transscriptitiis.
Gai. III, 131 — nominum, quae arcaria vocantur — arcaria nomina nullam facere obligationem.	Arcaria, τραπεζιτικά. P.
Gai. III, 133 tr*an*sscripticiis nominibus.	μεταγραπτέοις, transscripticiis. L.

Gai. III, 134 chirografis et syngrafis, id est, si quis debere se aut daturum se scribat.	δάνειον, chirographum. L. γραμματεῖον, chirographum L.
Gai. III, 135. 136 consensu.	Consensu, συγκαταθέσει P.
Gai. III, 135 in locationibus et conductionibus.	Locationibus, μισθώσεσιν. P.
Gai. IV, 136 praescriptio, 132	Praescriptio, παραγραφή. P.
Gai. III, 140 Pretium autem certum esse debet.	ὡρισμένον, certum L.
Gai. I, 121. II, 31. 63. 71. III, 145 praedia.	Praedia, ἔγγαια, κτήματα. P.
Gai. III, 169 HABESNE ACCEPTVM? — HABEO. (cf. II, 85.)	εὐπρόςδεκτον ἡγοῦμαι, acceptum habeo. L.
Gai. III, 174 libripens.	Libripens, ζυγοστάτης P. ζυγοστάτης, libripens L.
Gai. II, 38. III, 177 novatio.	Novatio, καινισμός. P.
Gai. III, 180. iudicatum facere	Iudicatum, ἐπίκρισις. P.
Gai. III, 181 quae sint legitima iudicia.	Iudicia, κριτήρια, δικαστήρια. P.
Gai. III, 183. 184. 192. 194 manifestum.	Manifestum, φανερόν P.
Gai. III, 183. 185 nec manifestum.	ἀφανερόν, nec manifestum. L.
Gai. III, 183 (furtum) conceptum et oblatum.	Conceptum, ὑποδεχθέν. P. Oblatum, προςενεχθέν. P.
Gai. III, 184 furtum — quod dum fit deprehenditur. — quod eo loco deprehenditur, ubi fit.	Deprehenditur, πιάζεται. P.
Gai. III, 187 oblatum furtum.	Oblatum, προςενεχθέν. P. Oblatum, προςενεχθέν. P.
Gai. III, 193 quid autem sit linteum quaesitum est.	λινοῦν, linteum L.
Gai. III, 193 consuti genus.	συνρεραμμένον, consutum L.
Gai. III, 193 lanx.	lanx, πλάστιγξ. P.
Gai. III, 199 iudicatus vel auctoratus meus.	Iudicatus, καταδικασθείς. P.
Gai. III, 199 si auctoratus meus subreptus fuerit.	ὁ πρὸς σίδηρον πραθείς, ὅ ἐστιν ὁ μονομάχος, auctoratus. L.
Gai. III, 201. I, 39. 133. II, 64. 145. IV, 109 ex diverso.	Ex diverso, ἐκ τοῦ ἐναντίου. P.
Gai. III, 202 *sqq.* furti.	Furti, κλοπῆς. P.
Gai. III, 205 si fullo polienda — vestimenta — acceperit.	Fullo, γναφεύς P. Γναφεύς, fullo L. κναφεύς, fullo L.

Gai. III, 205 sarcinator. 206. de fullone aut sarcinatore.	ῥάπτης, sarcinator L.
Gai. III, 208 si proximus pubertati sit.	πρόςηβος, proximus pubertati L.
Gai. III, 212 qui supersunt, depretiati sunt.	Deprctiati, ἐλαττωθέντες. P.
Gai. III, 220 adsectatus fuerit.	Adsectatus, ἐπιδιώξας P.
Gai. III, 220 si quis matremfamilias adsectatus fuerit.	Materfamilias, οἰκοδέσποινα. P.
Gai. III, 224. IV, 184. 185. 186. 187 vadimonium.	Vadimonium, ἐγγύη, ἱκανοδοσία P. Εγγύη, vadimonium, fideiussio L.
Gai. III, 224 taxamus formulam.	Taxamus, ὁρίζομεν P.
Gai. IV, 1 ex sponsionum generibus.	Sponsio, συνθήκη P. ὁμολογία ἡ ἀπὸ ἐρωτήσεως, sponsio, stipulatio. L. ὅρος ἐν δίκῃ πράγματος diffinitio, sponsio, terminacio, lex. L. ὁρισμός sponsio, definicio L.
Gai. IV, 5 appellamus — in personam — actiones — condictiones. II, 79. III, 91.	Condici, εἰς πρόςωπον ἀγωνίζεσθαι P.
Gai IV, 5 vindicationes.	Vindicatio ἐκδικία P. ἐκδίκησις, vindicatio L.
Gai. IV, 13 eaque actio perinde periculosa erat, falsi*dicis*.	Falsidicus, ψευδολόγος. P.
Gai. IV, 13 propter — restipulationem.	Restipulationem, ἀνθορισμόν P.
Gai. IV, 16 vindicias 94. vindiciis.	Καρπιστίαι, vindiciae, singulare non habet. L.
Gai. IV, 16 festuca autem utebantur hastae loco.	Festuca, κάρφος, ῥάβδος P. κάρφος, festuca, surculus L.
Gai. IV, 17.[a]	Condicit, συντάσσεται P. Condicit, συγκόπτει, συντρίβει, ὑποτάσσει P. Condico, συντάσσομαι μετὰ παραγγελίας. P.
Gai. IV, 18 Et haec quidem actio proprie condictio vocatur, nam actor adversario denunciabat, — *rel.* — nunc vero non proprie condictionem dicimus in personam actionem, qua intendimus — *rel.*	Condictio, συνταγὴ μετὰ παραγγελίας P. Παραγγελία, denunciatio, condictio, interdictum. Condicere est denunciare prisce, nunc vero condictionem omnem in personam actionem [mentionem] dicimus. L.
Gai. IV, 21. 25. 46 vindicem.	Vindex, ἔκδικος. P. καρπιστής. vindex L.
Gai. IV, 21. 34. 41. 43. 46. 50. 53. 64 XMILIA.	μυρία, Decem milia. L.
Gai. IV, 32 formula, quae publicano proponitur.	Publicano, τῷ τελώνῃ. P.

Gai. IV, 35 bonorum emptor ficto se herede agit.	ὑπαρχόντων ἀγοραστής, bonorum emptor. L.
Gai. IV, 39. 40 Dcmonstratio.	Demonstracio, ἀπόδειξις. P.
Gai. IV, 39. 41 intentio.	Intentio, ἔνστασις P. ἐπίστασις, intentio L.
Gai. IV, 39. 43. 44. 49 condemnatio.	Condemnatio, καταδίκη P. κατάκρισις, condemnacio L. καταδίκη, condemnacio L.
Gai. IV, 42 rem alicui ex litigatoribus adiudicare.	Litigatoribus, τοῖς δικαζομένοις. P.
Gai. IV, 42 si inter coheredes familiae eriscundae agatur.	Erciscundae, διαιρέσεως P.
Gai. IV, 43 DVMTAXAT X MILIA CONDEMNA — ut non adiiciatur DVNTAXAT X MILIA.	Dumtaxat, μόνον καὶ μέχρι τούτου, δηλαδή P. Τέως, dumtaxat L.
Gai. IV, 45 quibus intendimus, nostrum esse aliquid.	Intendimus, φιλονεικοῦμεν. P.
Gai. IV, 46, 47 in factum conceptas.	Facto conceptas, διηγηματικῶς P.
Gai. IV, 48 pecuniam eum condemnat.	Condemnat, καταδικάζει P.
Gai. IV, 51 si taxatio posita sit.	Taxatio, ποσότης P.
Gai. IV, 55, 84, 98, 101. II, 39. procurator.	Procurator, φροντιστής P. φροντιστής, procurator L. ἐντολεύς, procurator, L.
Gai. IV, 57 praetor in integrum restituit.	In integrum restituet, εἰς ἀκέραιον ἀποκαταστήσει P.
Gai. IV, 58 falsa demonstratione rem non perimi.	Demonstratione, δηλώσει P.
Gai IV, 63 conpensationis.	Conpensatio, συνσταθμία, ἀνθυπολογισμός, ἀντελλογισμός P. ἀντέλλογος, compensacio L.
Gai. IV, 64 argentarius.	Argentarius, κομάκτωρ P. Argentarius, ἀργυροκόπος P. 'Αργυροκόπος, argentarius L. 'Αργυρ:φύλαξ, argentarius L.
Gai. IV, 64 compensatio.	Conpensatio, συνσταθμία, ἀνθυπολογισμὸς, ἀντελλογισμός P. ἀντέλλογος, compensacio L.
Gai. IV, 66 conpensationem.	Conpensatio, συνσταθμία, ἀνθυπολογιςμός, ἀντελλογισμός P. ἀντέλλογος, compensacio L.
Gai. IV, 66 argentario.	Argentarius, κομάκτωρ P. Argentarius, ἀργυροκόπος P. 'Αργυροκόπος. argentarius L. 'Αργυροψύλαξ, argentarius L.

Gai. IV, 66 si — pecuniam petat bonorum emptor.	ὑπαρχόντων ἀγοραστής, bonorum emptor L.
Gai. IV, 68 conpensationis.	Conpensatio, συνσταθμία, ἀνθυπολογισμὸς, ἀντελλογισμός P. ἀντέλλογος, compensacio L.
Gai. IV, 68 argentarius.	Argentarius, κομάκτωρ P. Argentarius, ἀργυροκόπος P. Ἀργυροκόπος, agentarius L. Ἀργυροφύλαξ, argentarius L.
Gai. IV, 71 (qui) tabernae praeponitur institor appellatur.	Iustitor, ἐργαστηριάρχης P.
Gai. IV, 83 praesens an absens cognitor detur. — cognitor ita erit.	Cognitor, ἔκδικος, γνώστης P. γνώστης, cognitor L. διαγνώμων, cognitor L. διαγνώστης, cognitor. L.
Gai. IV, 86 intendit P. Maevii rem esse ex iure Quiritium.	Intendit, ἐπιτείνει, τέφει, κοσμεῖ.
Gai. IV, 87 Intenditur dominum dare oportere — intenditur, rem actoris esse.	Intenditur, ἐπείγεται P.
Gai. IV, 91, 93 per sponsionem.	Sponsio, συνθήκη P. ὁμολογία ἡ ἀπὸ ἐρωτήσεως, sponsio, stipulacio L. ὅρος ἐν δίκῃ πράγματος, diffinicio, sponsio, terminacio, lex L. ὁρισμός sponsio, definicio L.
Gai. IV, 94 haec summa sponsionis.	Sponsio, συνθήκη P. ὁμολογία ἡ ἀπὸ ἐρωτήσεως, sponsio, stipulacio. ὅρος ἐν δίκῃ πράγματος, diffinicio, sponsio, terminacio, lex. ὁρισμός sponsio, definicio. L.
Gai. IV, 94 *non restipulatur.*	Restipulat ἀνθορίζει P.
Gai. IV, 95 eaque sponsio — fit.	Sponsio, συνθήκη P. ὁμολογία ἡ ἀπὸ ἐρωτήσεως, sponsio, stipulacio. ὅρος ἐν δίκῃ πράγματος, diffinicio, sponsio, terminacio, lex. L. ὅρcς sponsio, definicio. L.
Gai. IV, 97 Cognitor — domini loco habetur.	Cognitor, ἔκδικος, γνώστης P. γνώστης, cognitor L. διαγνώμων, cognitor L. διαγνώστης cognitor. L.
Gai. IV, 104 Legitima sunt iudicia.	Iudicia, κριτήρια, δικαστήρια. P.
Gai. IV, 109 iudicium.	Iudicium, κρῖμα, κριτήριον, δικαστήριον P.
Gai. IV, III. cum — pro capitali poena pecuniaria constituta sit.	Pecuniaria, χρηματική P. χρηματική, pecuniaria, nummaria, civilis causa L.
Gai. IV, 117 exceptio.	Exceptio, ἐξαίρεσις, παραγραφή P. παραγραφή, excepcio L.

Gai. IV, 117 fundum litigiosum.	Litigiosum, ἐπίδικον P.
Gai. IV, 121 Peremptoriae (exceptiones) sunt.	Peremptorius, διηνεκής P.
Gai. IV, 125 Sed peremptoria — ex ceptio.	Peremptorius, διηνεκής. P.
Gai. IV, 126, 127 replicatio.	Replicatio, ἀντιπαραγραφή, replicacio praescripcio L.
Gai. IV, 126ª.	Argentarius, κομάκτωρ P. Argentarius, ἀργυροκόπος P. Αργυροκόπος, argentarius L. 'Αργυροφύλαξ Argentarius L.
Gai. IV, 127, Duplicatio.	Duplicatio, δίπλωσις, διπλασιασμός P.
Gai. IV, 140 cum praecipit.	Praecipit, παραινεῖ, τάσσει. P.
Gai. IV, 140 *sqq.* prohibitoria.	Prohibitorium, κωλυτικόν L.
Gai. IV, 144 possidet.	Possidet, ἐπικρατεῖ, νέμεται, κέκτηται, διακρατεῖ P.
Gai. IV, 146 sectores vocantur qui publice bona mercantur.	Sector, βιώνης ὁ ἀπόδημος ἢ ὁ ἀγοράζων οὐσίαν.
Gai. IV, 148 uter ex litigatoribus.	Litigatoribus, τοῖς δικαζομένοις P
Gai. IV, 148, 149, 151, 160 VTRVBI.	Utrubi, παραπότερον P. ὁποτέρωθι, utrubi L.
Gai. IV, 150 de fundo vel aedibus interdicitur.	Interdicitur, παραγγέλλεται P.
Gai. IV, 150, 162, 166 interdictum.	Interdictum, παραγγελία. P. ἀντικρουσμός, ἀπηγορευμένος διαστολὴ ἢ παῦσις. P.
Gai. IV, 153, qualis est colonus et inquilinus.	Inquilinus, ἔνοικος P.
Gai. IV, 154 is qui deiecit.	Deiecit, κατέβαλεν P.
Gai. IV, 162 modo sine periculo — modo cum periculo.	ἀκίνδυνος, sine periculo L.
Gai. IV, 165, 166ª, 167, 168, 180, 181 restipulationis.	ἀντεπερώτησις, restipulacio, ἀνθορισμός, restipulatio L.
Gai. IV, 165 restipulatur.	Restipulat ἀνθορίζει. P.
Gai. IV, 166, 166ª, 167 licitatione(is).	Licitatio, διακήρυξις καὶ ὑπερθεματισμός P. ὑπερθεματισμός, licitatio. L. πληστηριασμός, ὁ ὑπερθεματισμός, licitatio, L. διακήρυξις. L.
Gai. IV, 166ª nec vi nec clam nec precario.	Clam, λάθρα P. λάθρα, clam L. λεληθότως, clam L. Precario 'κατὰ ἀξίωσιν καὶ συγχώρησιν L.
Gai. IV, 166ª condemnat.	Condemnat, καταδικάζει P.
Gai. IV, 166ª absolvit.	Absolvit, ἀπολύει P.

Gai. IV, 171 de pecunia certa — et constituta.	Pecunia constituta, ἀντιφώνησις L. ἀντιφωνῶ, constituo L.
Gai. IV, 171 constitutae — pecuniae.	Constitutae ὁρισθείσης P.
Gai. IV, 179 iusiurandum de calumnia exactum.	Iusiurandum, ὅρκος, ὁρκομοσία P.
Gai. IV, 184, 185, 186, 187 vadimonium.	Vadimonium, ἐγγύη, ἱκανοδοσία P. Ἐγγύη, vadimonium, fideiussio L.

Kolibri 360 GmbH
Ferdinand-Jühlke-Straße 7
99095 Erfurt, Deutschland
produktsicherheit@kolibri360.de